中国現地法人
売却M&Aの実務

前川　晃廣 [著]

一般社団法人 金融財政事情研究会

序　中国現地法人の「売却」を考える時代に

　貴社が中国に設立した現地法人（以下、「現法」ともいう）には、「寿命」があるのをご存知ですか。その「寿命」は、「企業の耐用年数」のようなあいまいな概念ではなく、「何年何月何日まで」という明確な「経営期限」として定められているのです……。

　中国の社会体制は、日本とは根本的に異なっています。日本の会社は、ゴーイングコンサーン（企業は永続的に存続するものという考え方）をもとに運営されており、いくら赤字が増えても資金が続く限り会社として期限なく存続することはできます。一方、業況がよくても悪くても中国の現法には、設立時点から「経営期限」が明確に決められているのです。
　その期限は、現法の「営業許可証」（中国語では「営業執照」）に明記されており、多くの現法の場合、設立認可日から50年後の日付が記載されています。50年という期間は、製造業が購入できる土地使用権の年限を最長50年と定めた1990年の規定（都市・鎮における国有土地使用権の払下および譲渡暫定施行条例＝国務院令第55号）から来るものです。
　では、50年目の経営期限を迎えたときに、現地法人はど

うなるのでしょうか。現行の中国の法律では、認可さえ得られるのであれば営業許可をさらに50年間延長することも可能です。しかし製造業を例にとると、さらに50年もの間同じ場所で同じ生産活動を続けることに対する認可を得にくいことは、中国の近年の都市化・市街地化を考えれば明らかで、20年前・30年前は大歓迎で工場を誘致した多くの開発区や地方政府も、いまとなっては振動や騒音、また景観や都市開発を理由に立退きのプレッシャーをかけてきているのが現実です。開発区や地方政府にとっては、工業用として有期の土地使用権を売却するよりは、商業地もしくは住宅地として運用したほうが、当然にして効率的に不動産収入や税収をあげることができるからです。よって、経営期限を迎えた現法は、かなりの高確率でその場所から撤退しなければならないでしょう。50年使用した土地から何の補償もなく退出するとなると、建物や設備の除却や敷地の原状復帰・土壌改良に莫大なコストがかかりますし、会社都合で離職してもらう従業員には法律に従い経済補償金を支払わなければなりません。

　このような中国の現状を知れば、**経営期限を迎える頃の現法の企業価値はゼロどころかマイナスになる**という現実は、誰にでも予見できることなのです。となると、企業価値が下がり始める前に第三者に売却することは、日本本社の投資ポートフォリオのために十分かつ仔細に検討すべき施策であるのです。しかし、そこに気づいていない日本本

【中国現地法人の企業価値の変遷】

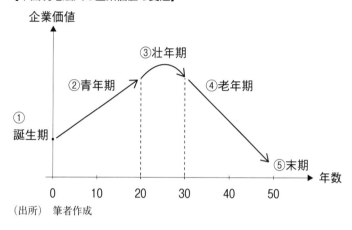

（出所）　筆者作成

社が大半であるのも事実です。

　上の図は、中国に設立した現地法人が天寿を全うするま
での企業価値の変遷を図式化したものです。
①　誕生期：現法設立時である０年目においては、資本金
　の金額が企業価値と算定できます。
②　青年期：設立後１〜20年の期間は、生産量や販売量を
　拡大し、コストを抑えつつ利益を積み上げていくこと
　で、企業価値は右肩上がりに上がります。無形資産とし
　ての土地使用権を購入している場合は、その相場も上昇
　しますので含み益もふくらみます。
③　壮年期：設立後20〜30年目では、権限を中国人管理職
　に委譲することなどでさらなるコストダウンを行い、安

定操業に入ります。一方で、これまで蓄積された税務や税関での不適切処理の露呈、社会保険未納問題の浮上、幹部による不正の発覚など、さまざまな問題が顕在化してきます。

④　老年期：設立後30年を超えると、「経営期限」までのカウントダウンが始まり、新規設備投資や新規従業員雇用がむずかしくなり始めます。

⑤　末期：50年目には、土地は更地にしたうえで無償で国家に返還し、機械設備は除却し、従業員は経済補償金を支払って退職してもらいます。すなわち、企業価値はゼロどころか、マイナスになります。ゼロに収めるためには、ちょうど50年目に減価償却を終える設備だけをそろえ、ちょうど50年目に定年を迎える従業員だけを雇う、という、神業的なオペレーションが必要です。

　貴社の現法はいまどのステージにいますか。いまから何年後に⑤に到達しますか。むずかしい計算やシミュレーションを行わなくても、この近未来は容易に想定できます。④の老年期に達する前、すなわち③の壮年期のうちに、現法の「後半の人生」をどうするのか、是非、立ち止まって考えてみてください。このままズルズルと50年目まで同じ場所で同じ経済活動を続けることが得策なのか。もしくは、ココで現法を解散させるほうがよいのか。でも、解散させてせっかく築いた有形無形の資産を二束三文で売

却するのであれば、買い手を探して一定のお値段で買って
もらったほうが、ステークホルダーたち、すなわち、貴社
ご本社にとっても、各方面の取引先にとっても、現法の従
業員にとっても、現法が所在する地方の政府にとっても、
よい解決策となるはずです。

2020年春　東京文京区の自宅にて

目　次

第1章

中国現地法人売却M&Aの基礎的知識
——100%出資現法を中国系企業に売却する場合

第2章

中国現地法人売却M&Aの実践的知識
──スムーズな売却のために知っておくべきテクニック

第 1 章

中国現地法人 売却M&Aの基礎的知識
──100%出資現法を中国系企業に売却する場合

Q1 独資企業を中国系企業に売却する場合の、現法売却M&Aの基本的な流れを教えてください。

中国における現法売却M&A（Mergers and Acquisitions）の一連のプロセスは、一般的に、(1)戦略策定とスキームのプランニング、(2)想定価格の設定、(3)譲渡先のファインディング、(4)買い手候補との基本合意、(5)買い手側によるDD（デューデリジェンス）、(6)条件交渉、(7)持分譲渡契約書の作成、(8)調印、(9)対価の受領、(10)中国での変更登記、という過程で進んでいきます。

以下、まずは全体の流れをご説明します。

(1) 戦略策定とスキームのプランニング

中国現法売却M&Aにおいては、現法売却の以下の戦略を明確にする必要があります。

① なぜ売却するのか

まず、売却の理由を明確にしてください。赤字現法を売却して損切りを行うのか、赤字ではないが将来性の明るくない事業を売却するのか、黒字であるうちに高い価格で売却することで、より大きなキャピタルゲインを得るのか、などです。

②　誰に売却するのか

　製造技術のブラックボックス部分や既存の販路・商圏など、ライバル企業に渡っては困る企業秘密があるか否かが、ポイントとなります。すなわち、高く買ってくれれば買い手は誰でもよいのか、それとも競合他社・同業者には売ってはいけないのか、売却後も日本本社・他の中国現法との取引関係を維持してもらわなければ困るのか、などによって売却先の選定基準が定まってきます。

③　いくらで売りたいのか

　もちろん高ければ高いほどよいのですが、赤字体質の現法を高く買ってくれる先を見つけるのはむずかしいですし、製造業の場合は遊休設備の処理や土壌汚染問題などもあり、売却先との価格交渉が難航することがよくあります。売却交渉のフロントに立つ貴社責任者が交渉をスムーズに進めるためにも、「売却価格がいくら以上なら話を進めてよいのか」について、日本本社側でしっかりとしたコンセンサスを形成しておいてください。

(2)　想定価格の設定

①　いくらまでなら下げられるのか

　売却には必ず価格を決めなければいけません。M&Aに動き出す前に、日本本社で「いくらまでなら価格を下げてもよいのか」という最低ラインを設けておいてください。

たとえば、累損の残っている現法であれば「簿価で売れれば十分だ」とか、「出資額とこれまでの利益補填分の合計を決して下回ってはならない」とか、明確な社内合意を確定させておいてください。

②　いつまでに売却したいのか

　いくら価格が折合っても、希望のタイミングで購入してもらえなければ、貴社のM&A戦略は成功しません。貴社としていつ頃売却の完了を目指すのか、決算期や本社役員の異動も見据えながら明確に決定しておいてください。

⑶　譲渡先のファインディング

　中国全土を網羅したM&Aマッチング会社は、いまのところ存在しません。譲渡先を短期間で確実に見つけるためには、主として同業者・業界団体・各種商工会などにアプローチするのが有効です。弊社もこのアプローチを多用していますし、M&A紹介会社と名乗っているところも、おおむねこれらのルートで探しています。

⑷　買い手候補との基本合意

　買い手候補との面談や譲渡先による訪問・実査を経て、双方が売買相手としてふさわしいと考えるに至った段階で、その意思を確認する意味も込めて、まずは守秘義務契約とMOU（意向書）を締結します。

⑸ 買い手側によるDD

売買に関する双方の意思が確認できたら、買い手側が対象会社にDDを行います。

通常は、買い手側の依頼を受けた弁護士や会計士が対象会社を訪れ、契約書や帳簿、機械設備や在庫等を実査します。

その際、現法の従業員に売却計画が漏洩すると、少なからず動揺が広がり、ストライキなどの大きなトラブルに発展しかねませんので、売り手と買い手が協力しつつ情報管理に十分留意してください。

⑹ 条件交渉

一通りのDDが終了すると、双方で取引条件につき交渉します。この交渉は、1度の会談で終わることは少なく、数回もしくは十数回のミーティングを重ねて、やっと妥結点に到達するのが通常です。

交渉の中心論点が売買価格となるのは必然ですが、その他の付帯条件もしっかり議論することが必要で、それらが売買条件に密接に関連していることを肝に銘じてください。

付帯条件には、持分譲渡の期日、環境問題や税務・税関に関する表明保証、売却後のサポート、PMI（Post Merger Integration＝売却後の社内運営体制）、持分譲渡後の社名や商標の継続使用の可否、変更登記の手続をどちらが主体となって行うか、などがあげられます。

譲渡代金は人民元ではなく、日本円もしくは米ドルの外貨建てで約定することをお勧めします。日本に多額の人民元を送ってもらっても、その処理に本社が窮することがあるからです。

　交渉の主導権は、是非とも売り手側である貴社が握ってください。毎回の交渉で精緻な議事録までつくらなくとも、妥結した事項を書面に記し、日本語・中国語の備忘録としてまとめ、可能な限り交渉当日の夜までに双方がサインをしてください。その際には、妥結事項だけではなく次回ミーティングまでに双方が検討しておく宿題も明記しておくことをお勧めします。備忘録は、後に作成する持分譲渡契約書の内容にも、大きく影響してきます。

(7)　持分譲渡契約書の作成

　持分譲渡契約書に記載する内容は、条件交渉段階から明確に意識をすべきであり、フォーマットに数字を埋めるだけというような形式的な契約書では、将来にわたってさまざまな不都合が出てくるでしょう。買い手が国有企業の場合は、彼らのフォーマットによる契約締結を求めてくるケースもありますが、それとは別に充実した付帯契約書を作成することで、貴社側の不利や実質上の不備を補います。

　もう1つ、2008年施行の中国の独占禁止法（中国語では「反壟断法」）に抵触しないか、というチェックポイントも、この段階で忘れないでおいてください。

⑻ 調　印

調印に関して、華々しいセレモニーは開かないにしても、双方の関係者が列席し、可能であれば行政の担当者にも同席してもらい、双方の責任者が用意された持分譲渡契約書にサインをし、続いて宴席を開催するというのも1つの方法です。このようなやり方で、一度契約した取引について事後的に修正を持込ませないようにします。

⑼　対価の受領

持分譲渡の対価は、中国の買い手企業から日本本社に送金されます。持分譲渡契約書のなかに、日本本社が代金受領証明書を発行しない限り、中国側での持分移転登記ができないような仕掛けを入れておきます。

また、当局から「出資者の変更登記が完了しないと海外送金を認めない」と言われた場合や、資金の受渡しを確実にしたい場合には、中国にある銀行（日系銀行でも可）で「資金監督管理口座」を開設し、そこに資金を一定期間預かってもらう、という方策もあります。

⑽　中国での変更登記

売却代金の受領証明書をもって、中国における出資者の変更登記を行います。この段階では、日本本社は譲渡対価を受領していますので、ひとまず安心です。

Q2 企業価値を決めるには、どのような手法がありますか。

　まず、市販のM&Aテキストには、一般的に以下の3つのアプローチがあげられています。

(1)　インカム・アプローチ（収益価値基準）

　「対象会社が将来産出する収益総額がすなわち、企業価値である」という考え方から、将来の収益予測を作成し、今後毎年得られるであろうキャッシュフローを現在価値に引直して合計する評価手法です。

　DCF法（Discounted Cash Flow法）が最も有名ですが、その他、収益還元法、および似たような概念である配当還元法、さらにAPV法（Adjusted Present Value法＝調整現在価値法）、またNPV法（Net Present Value法＝正味現在価値法）などがあります。

　本書では、代表格であるDCF法につき、後述します。

(2)　コスト・アプローチ（原価価値基準）

　「対象会社の純資産の部（旧：資本の部）の時価評価額がすなわち、企業価値である」という考え方から、企業価値を算定する手法です。

　その主たる手法は、ある時点における対象会社の貸借対照表（バランスシート＝BS）の、資産の部と負債の部を時

価に修正して、両者の差額が企業価値であるとする修正簿価純資産法（時価純資産法と呼ぶ人もいます）です。

本書では、修正簿価純資産法につき、後述します。

(3) マーケット・アプローチ（市場価値基準）

対象企業と同業である他社のさまざまな財務指数や類似買収事例などを参考に、対象企業の価値を評価する手法です。

対象会社の株価と同業他社の株価を比較して検討する市場株価平均法や、同業他社のPERやPBRなどの指標から企業価値を推定する類似会社比準法などがあります。

これら手法に使われる数値は、上場企業であれば同業他社の数字が公開されているので簡単に入手できますが、中国現法売却M&Aにおける対象会社は非上場でしょうから、これら手法は一般的には採用されません。実践の場では、購入価格を低く誘導するために買い手側がこの手法を提示してくることがありますが、上場企業と非上場企業のプレミアム差までを考量して議論をしかけてくることはまれですので、基本的には採用されません。

「中国ではどの手法が一般的ですか」とよく聞かれますが、決まったものはありません。売買双方が納得できる手法が、すなわち採用された手法です。しかし経験則から申し上げると、現場で最終的に採択されるのは、①DCF法と②修正簿価純資産法の２つであることが多いです。

Q 3　売却想定価格はどのように決定すればよいですか。

　貴社で現法売却の方針が固まったら、「売却想定価格」の社内コンセンサスをとってください。

　投資回収の観点から考えれば、貴社がこれまで出資した出資額とこれまで現法につぎ込んできたさまざまな便益から、貴社が得た配当額と親子間取引から得た想定収益額を差引いた金額を基本額とし、この基本額（もしくは、さらに金利分を上乗せした金額）を上回る金額で売却できれば、中国現法への投資は日本本社にプラスの貢献をしたことになります。

　その考え方に基づき、売却を検討する初期の段階で日本本社内で簡便な企業価値評価を実施しておいてください。すなわち、修正簿価純資産法およびDCF法を用いて、売却価額の妥当な水準を把握します。これを、売り手によるDD、すなわち「セラーズDD」と呼ぶ場合もあります。

　そのうえで、社内役員会や株主への説明に耐えうる水準がどのくらいかを検討し、売却価格交渉の矢面に立つ責任者が現場で困惑することにならないよう、社内での十分な根回しを行います。

　修正簿価純資産法による企業価値評価において、評価額を低めに設定する場合には、継続価値ではなく清算価値に基づく試算を行います。継続価値とは、現法がその後も存

続する前提である時点での企業価値を評価するもの、清算価値とは、現法を解散・清算する前提での企業価値を評価するものであり、清算価値のほうが低く算出されます。

DCF法による企業価値評価において、評価額を低めに設定する場合には、将来の収益予測およびキャッシュフロー予測を保守的に設定し、かつ高めの割引率を想定します。

このように企業価値を低めに算定するのは、交渉団に余裕のあるバッファをもたせるためであって、買い手側との交渉時においては、逆に高い評価額を突付けることで高い価格に誘導するよう交渉します。高く評価しようとも低く評価しようとも、評価の基礎的な考え方は変わりませんので、その基礎の部分を事前にしっかり理解したうえで準備しておいてください。

一般的なM&Aの世界においては、その他に類似業種比準法や再調達原価法を用いる場合もありますが、中国における非上場企業のM&Aに際しては、比準すべき同業他社のPER（株価収益率）やPBR（株価純資産倍率）の数値を入手することは困難であり、また再調達コストの算定もむずかしいことから、あまり採用されていません。近年では、個人で株式投資をしている中国人が増えた影響か、中国側幹部のなかに交渉時に証券用語を持出してさまざまな持論を展開する人もいますが、基本的には修正簿価純資産法とDCF法が基本とならざるをえません。

Q4 中国現法売却M&AにおけるDCF法の特徴を教えてください。

　DCF法の基本は、対象企業が今後の毎年末の決算で生み出すであろうFCF（Free Cash Flow）を予想し、その額を一定の割引率で現在価値に引直した額の総額を、対象会社の企業価値とする手法です。

　中国M&AにおけるDCF法が一般理論のDCF法と異なるのは、一般理論では対象会社はゴーイングコンサーンのもとに経営されているとの前提に立つことから、5年先までの収益予想を作成したうえで6年目以降のFCFは5年目と同じと仮定しますが、中国現法はゴーイングコンサーンではなく最長50年間の期限付認可のもとに運営されていますので、経営年限までのFCF予測を行って、それをすべて現在価値に引直します。

　割引率については、一般理論では負債コスト（銀行からの借入金利など）と「投資家の期待収益率」を加重平均したWACC（加重平均資本コスト）を使用しますが、中国では非上場である貴社現法に対する「投資家の期待収益率」の測定はむずかしく、投資家である日本本社がどう考えるかによってその数値は大きく異なってきます。結果、CAPM（キャップ・エム）やβ（ベータ）の議論を持込むまでもなく、「中国の割引率は8～12％が相場と考えている」のような範囲の提示から議論を開始したほうが有利に

進みます（ちなみに、中国の10年もの国債の金利は３％前後です）。

FCFと割引率(r)が計算できたら、１年先のFCFを「１＋r」で割り、２年先のFCFを「『１＋r』の２乗」で割り、……、ｎ年先のFCFを「『１＋r』のｎ乗」で割って、割戻した各年のFCFの総額が、対象企業の企業価値です。式に表すと、以下のようになります。

$$V = \sum \frac{FCF_n}{(1 + r)^n}$$

手法は以上のとおりですが、収益予測は楽観的にも悲観的にも作成できますし、割引率も「投資家の期待収益率」が基本ですので任意に設定できます。DCF法は理論上は科学的な手法にみえますが、実践の場においては双方の意見の食い違いがよく起こる計算方法です。

よって現場では、双方の合意が得やすい修正簿価純資産法でお互いのターゲット水準に達したら、後付けでDCF法も行ってみてその妥当性を確かめ、かつ、社内説明や株主説明の資料とする、という使い方が多いです。ただし、価格交渉の初期段階からこのような決め方を提示してしまうと、買い手側に足許をみられかねませんので、お互いのターゲット水準に達するまでは、とにかく売却価格を高く誘導すべく交渉してください。

Q 5　中国現法売却M&Aにおける修正簿価純資産法の特徴を教えてください。

　修正簿価純資産法は、一定の時点（基準日）のBS（バランスシート）をもとに計算します。

　BSに記載された各勘定科目の簿価が、もしも時価と同価であれば、「純資産の部」（旧：資本の部）の金額がそのまま企業価値となりますが、簿価は必ずしも時価と同価ではありません。修正簿価純資産法は、必要に応じて簿価を時価に修正したうえで純資産の価額を算定する、という手法です。

　中国現法において、BS上の簿価と時価が大きく乖離するポイントは、以下の2つです。これらは、売却M&Aにおける価格交渉で懸案となるポイントでもあります。

①　土地使用権

　現法が土地使用権を保有している場合、簿価と時価で大きな乖離が生じます。中国の土地使用権は、固定資産ではなく無形資産として計上され、残存簿価なしで毎年定額償却されていきます。現法設立時に50年間の土地使用権を500元／㎡で購入したとすれば、1年後には50分の1を償却して490元、2年後には480元と、簿価は階段状に減っていき、50年目にはゼロになります。

　一方で中国の土地の時価は、全国どこでも上昇してお

り、簿価と時価は大きく乖離していきます。しかし、上昇している時価とは、50年間の使用権を新規に購入する場合の価格であり、たとえば貴社現法がすでに30年間使用して残存使用期間が20年しかない土地の場合、周りの50年の使用権と同等に論じるのはオカシナ話になってきます。

　なお、土地の時価の適切な算定方法はQ6で説明します。

②　経済補償金

　中国で雇用している従業員を会社都合で解雇する場合は、会社は従業員に法定の「経済補償金」を支払わなければなりません。その金額は、従業員の直近12カ月間の平均月収に勤続年数を掛けたものです（さらに細かい規定がありますが、ここでは割愛します）。

　この「経済補償金」は、従業員が自己都合で離職する際にはまったく支払う必要はありません。すなわち、全従業員が自己都合で退職してくれれば現法の支払はゼロですみますし、解散や移設などにより現法側の都合で解雇する場合は全額支払う必要があります（Q38で詳述）。

　中国の「経済補償金」は、日本の「退職給付引当金」のように確定債務として負債勘定に計上する義務もインセンティブもないことから、ほとんどすべての現法がBS上に計上していません。

　よって、M&Aの価格交渉ではよく争点となります。

Q6 土地使用権の時価はどのように算定するのが一般的ですか。

　中国で購入できる土地使用権は、製造業においては50年が最長で（「都市・鎮における国有土地使用権の払下および譲渡の暫定施行条例」（国務院令第55号・1990年施行）第12条）、たとえば使用権購入時に50年分の使用権料を一括して「500元／㎡」のような価格で支払います。

　購入直後の時価は購入価格に等しく、50年後の時価はゼロである、という点は明確なのですが、購入から数年経った段階で周辺の土地価格（正確には50年間の使用権の新規売出価格）が上昇していれば、対象土地の時価も上昇しているともいえますし、一方で、購入から30〜40年経った時点だと、周辺の土地価格が上がっていたとしても、対象土地の使用権残存期間が10〜20年しかないことから、価格をいくら安く設定しても買い手が見つからないという現実もあります。

　そこで一定の仮説をもって土地使用権の時価を算定する必要があります。M&Aにおいて、売り手と買い手の双方が納得できる一定の計算方法です。簡易的な計算方法が、ここでご紹介する「放物線理論」です。

　たとえば100の価格で買った50年間の土地使用権について、その簿価は毎年50分の1ずつ定額償却していきますが、時価はボールを高いところから地面と平行に投げた場

合の落下曲線のように下がっていく、という考え方です。

　具体的には、購入時の価格を100と置き、xを経過年数、yを使用権の時価とすれば、以下の数式で表されます。

$$y = 100 - \frac{x^2}{2500} \times 100$$

　この算定式におけるxとyの関係は、以下のとおりです。

$x = 0 \quad \rightarrow \quad y = 100$

$x = 10 \quad \rightarrow \quad y = 96$

$x = 20 \quad \rightarrow \quad y = 84$

$x = 30 \quad \rightarrow \quad y = 64$

$x = 40 \quad \rightarrow \quad y = 36$

$x = 50 \quad \rightarrow \quad y = 0$

　この算定式は、精緻な回帰分析から求められる数式ではないのですが、購入時に100だった使用権の時価が、10年後には96に、20年後には84に、30年後には64に、40年後には36に、そして50年後にはゼロとなる、という体感に基づいた仮説を、できるだけ親しみやすい関数に当てはめたものです。

　たとえば、50年間の使用権を20年前に500元／㎡で買った場合、現在の簿価は300元／㎡ですが、近隣の新規売出価格が1,000元／㎡に上がっていた場合、この土地の時価は840元／㎡と算定され、簿価と時価の差額の540元／㎡が

含み益となります。実際に対象土地を売りに出した場合、使用権が50年ある土地の相場が1,000元／㎡であるところ、残存期間30年のこの土地の時価が840元／㎡というのは、あながち間違いともいえないでしょう。

　もっとも、中国における土地評価の教科書には、以下の算定式が正式な算定手法として掲載されています。

$$k = \frac{1 - \dfrac{1}{(1+r)^n}}{1 - \dfrac{1}{(1+r)^m}} \times 100$$

　　k：係数
　　n：使用権の残存年数
　　m：使用権の最大年数＝工業用地は50年が最大
　　r：還原率＝工業用地は5.5％が基本

　この算定式における n と k の関係は、以下のとおりで、上述の x と y の関係と、ほぼ近似的な値になります。

　　n＝50　→　k＝100
　　n＝40　→　k＝95
　　n＝30　→　k＝86
　　n＝20　→　k＝71
　　n＝10　→　k＝45
　　n＝0　→　k＝0

中国の資産評価会社に評価を依頼すると、多くの場合はこの計算式で土地の時価を計算してきます。

　いずれの手法を採用しても、土地を買って30年目まではそれなりの価値を維持しますが、30年目を過ぎるところから、時価は一挙に下がり始めます。言い換えると、土地使用権を購入している現法が存続30年目を超えたあたりから、含み益だと思っていた無形資産がつるべ落としのごとく落下していくのです。これは、残存する使用権が20年未満の土地で新規操業しても、多くの製造業では設備の減価償却が終わらない、という点にもつながっており、土地使用権を購入する側の立場からすれば、当然の帰結といえましょう。

　近隣の（新規取引の）土地相場が上がっていることに気をよくして漠然と含み益があるとのイメージで現法を運営していると、30年目を迎える頃の時価下落に気づくこともないでしょう。20世紀中に購入した土地使用権の時価は、2030年までに是非一度腰を据えて査定してみて、その下落状況を体感しておいてください。そして、「土地の時価が最も高い時点はいつなのか」について敏感になるとともに、現法の売り時についても検討してみてください。

Q7 | 清算価値は、どのように考えますか。

　中国現法売却M&Aにおいて、「この価格を下回るならば売却しない」という最低ラインは、現法を解散・清算した場合に出資者に戻ってくる金額、でもあり、これが清算価値に相当します。もちろん、売り手である貴社内部での検討のために把握する価格であって、買い手側に開示する必要はありません。

　たとえば、現在のBSが以下のようであったとします。

【資産の部】		【負債の部】	
現預金	100	銀行借入	100
売掛金	100	買掛金	100
棚卸資産	100	未払税金	100
土地使用権	1,000	【純資産の部】	
固定資産	200	資本金	1,000
		利益剰余金	200

　それに対して、以下のような清算時BSを作成します。数字が変化した勘定科目と新たに出てきた勘定科目は、★で表しています。

　資産の部では、各科目を現法清算時に売却できる価格に時価評価しました。

負債の部では、清算に伴う税金や関税の追徴分、従業員を解雇する際の経済補償金、清算過程で発覚するかもしれない簿外債務を追記します。

【資産の部】		【負債の部】	
現預金	100	銀行借入	100
売掛金	★90	買掛金	100
棚卸資産	★60	未払税金	100
土地使用権	★500	★税金関税等	100
固定資産	★100	★経済補償金	200
		★簿外債務	100
		【純資産の部】	
		資本金	1,000
		★利益剰余金	▲850

　最後に、利益剰余金を左右がバランスするように調整します。

　上記試算では、資産の部の時価が簿価より低くなったことと、負債の部に新しい科目が増えたことにより、純資産の部の合計が1000－850＝150と算定でき、この金額が売却価格の最低ラインと算定できます。

Q8 売却を検討し始めて、実際に売却が完了するまでに、どのくらいの時間が必要ですか。

　買い手候補が見つかってから3カ月以内に売却条件を交渉し、次の3カ月間で持分譲渡の手続を完了する、というくらいのスピード感で考えてください。すなわち、交渉開始から半年間での譲渡完了です。

　もちろん、M&Aには相手があり、また中国では行政当局でのさまざまな手続や折衝が必要ですので、理想どおり半年間で終結しない場合もありますが、企業価値は刻々と変化しており、売却まで1年以上もかかるようでは、そのM&Aは成功とはいえない、くらいの意気込みで取組むことをお勧めします。

　その意味では、買い手候補との初回会談で締結する守秘義務契約や意向書において、交渉期間を比較的短い3カ月間以内に設定し、「双方が合意した場合のみこれを延長できる」という条項にしておくことをお勧めします。毛沢東の「持久戦」ではありませんが、多くの場合買い手である中国側は、安い価格で買えるのであれば時間がかかることはマイナス要素とは感じず、時間をかけることで有利な条件を引出せるのであればそれはむしろ得策であると考える傾向にあります。一方日本企業は、決算時期や株主総会・役員交代などの社内スケジュールが厳格に決まっており、そのスケジュールが延長されることに本能的な嫌悪感を抱

きがちです。

　もちろん、やるべき仕事は緊張感をもって迅速に進めるべきですが、中国人との交渉においては大幅な時間がかかるケースもある、ということを社内の上層部を含めて許容してもらえるような体制を整えておくことも大切です。

　ちなみに、会社の解散・清算には、この10年間の弊社経験値で９〜12カ月かかります。もちろん売却価格にもよりますが、解散・清算に必要な時間を超えてまで売却M&Aを行うのは、いかがなものかとも考えます。

　現法売却M&Aに時間がかかりそうな場合は、土地だけを有償譲渡して、現法が売却対価を手にしたうえで、登記場所を小さな事務所に移し解散・清算を行う、という解決策もあります。その場合、土地売却によって現法が多額の現預金を保有することになると、解散・清算の過程で税務局や税関から「ねらわれる」可能性が高いので、土地代金が入金したらすぐさま日本本社に配当金として還元し、現法には解散・清算に必要な現預金だけしか残さないようにします。

　中国での現法売却M&Aには、本書では紹介しきれないくらい多様で予測不可能な展開があります。それでも、情報を正確に把握してしっかり考え抜けば、最適解が導き出せる可能性がありますので、しっかりした水先案内人を起用して冷静かつ迅速に進めていってください。

Q9　買い手候補は、どのように見つければよいのですか。

　中国ではM&A情報は限定的にしか存在しておらず、ほとんどのケースでは自力でのファインディングを行わざるをえません。そのための手がかりとして、以下のような方策が考えられます。

①　同業者もしくは川上・川下

　同じ業界の他社、もしくは材料を購入している川上企業や製品を販売している川下企業であれば、業界の事情には通じており、買うにしろ買わないにしろ決断は速いものと思われます。ただし、貴社現法が売りに出ていることをどこかに話せば、すぐさま業界内で拡散することは避けられませんので、ご注意ください。

②　中国の業界団体

　中国国内にある業界団体に依頼して機関誌で告知してもらったり、名簿を購入してダイレクトメールを送ったりします。同じ業界ですので、興味を示す企業が複数現れるかもしれませんが、その場合は貴社が選別して面談するようにしないと、収拾がつかなくなることもあります。ただし、多くの中国の業界団体は都市ごとに形成されており、全国を網羅する団体は少ないのが現状です。

③　韓国・台湾などの商工会

　中国にある、韓国や台湾の商工会へアプローチをし、そのなかで売却意思の告知をしてもらいます。韓国企業や台湾企業は、多くの場合日本企業のマーケットでの地位や技術力を理解しており、買うにせよ買わないにせよ決断が速いのが特徴です。異なる業界の会社からオファーが来る場合もありますが、高値で売抜けるのであれば排除する必要はないでしょう。

④　M&A紹介会社に依頼

　中国では、全国規模のM&A紹介会社はまだ存在しないと思われます。またどのM&A紹介会社も、その実情は上記①～③の手法を使ってマッチングを試みており、残念ながらファインディングに大きく貢献することは期待できないのが現状です。

⑤　ファンドへの売却

　ここ数年で増え始めているのが、ファンドによる現法購入です。現法を購入したファンドが現法を再建したうえで第三者に高値で売抜く場合もあれば、ファンドが会社を解散させる場合もあります。債務超過の現法をファンドが買取る場合は、「マイナスの価格で売る」すなわち、「解散の手間賃を払ったうえで引取ってもらう」という売買もあります。

Q10 買い手候補が見つかったら、まずはどう動くべきですか。

　まずは先方の意思決定者と面談することを最優先に考えてください。貴社現法まで来てもらってもかまいませんが、M&Aに対する本気度合いや支払能力を確認するためにも、貴社側も一度は先方を訪問することをお勧めします。

　話が進みそうならば、双方の責任者と窓口を明確にし、連絡先を明記したプロジェクトチーム名簿を作成して双方で共有します。これは、交渉の途中で余計な横槍を入れさせないためでもあります。そして、守秘義務契約と意向書を締結します。

　守秘義務契約は、NDA（Non-disclosure Agreement）もしくはCA（Confidential Agreement）とも呼ばれ、これからの交渉過程において知りえた秘密や情報を公開しないことを双方が宣誓するものです。

　そして、「今後も交渉を継続したい」と判断できる相手であれば、「意向書」を締結します。英語では、LOI＝Letter of Intent や MOU＝Memorandum of Understanding と呼ばれるもので、中国語では「協議書」という題名で作成されることが多いのですが、表題が何であれ、以下の内容について双方合意のうえで「意向書」に盛込んでください。

・売却側の社名および詳細

・購入側の社名および詳細

・対象会社の社名および詳細

・交渉期限（＋延長に関する条項）

・秘密保持条項

・排他的条項（他社との二股交渉の可否）

　排他的条項とは、交渉期限内において他社との二股交渉を制限するか否かを明記したもので、双方協議のうえで決定します。しかしこの段階では、まだ売買双方がお互いのことをよく知らないこともあり、「Non-Biding」すなわち「法的拘束力なし」とするケースが多いです。たとえばどちらかが秘密保持条項に反する行為をとってもすぐに損害賠償を請求できるわけではなく、「紳士協定にすぎない」書類ではあるのですが、お互いの信義則を明確に確認しあう意味もありますので、できるだけ交渉の早い段階で締結するようにしてください。もちろん、万一機密が漏洩した場合のリスクがどのくらいなのか、またそのリカバリーにどれくらいのコストがかかるのか、について、事前に把握しておく必要はあるといえます。

　売買に関する双方の意向が確認できたら、買い手側が対象会社にDD（デューディリジェンス）に入るのが一般的です。「バイヤーズDD」とも呼ばれます。買い手側とその依頼を受けた専門家が対象会社を訪問し、契約書や帳簿、機械設備や在庫などを実査します。経営幹部へのヒアリングも実施されるでしょう。

　貴社現法は、このDDに対して資料提供など全面的な協力をするのが原則ですが、何もかも積極的に開示する必要はなく、「聞かれないことは答えなくてよい」「DDの段階で開示できない企業秘密（例：製造ノウハウのブラックボックス部分）については、開示できない旨を説明する」というスタンスで結構です。

　また、対象会社のさまざまな内情を開示しても、結局M&Aが破談となる可能性もありますので、守秘義務や資料返却は当然のこと、情報が漏洩したり他の目的に使用されたりした場合には損害賠償に応じなければならない旨を明記した契約書を事前に交わしておくことは必須です。

　買い手が国有企業の場合は、国有資産監督管理委員会の承認を得るために資産評価会社を起用して現法の企業価値を評価することもありますが、貴社側の対応は同じです。

　一方、DDを受ける従業員にとっては、「出資者が変更

される」という事態は「寝耳に水」でしょうから、売却計画を知ったら大きな動揺を招く可能性があります。

　従業員に売却計画を開示しないで売却DDを行う場合は、「数年に１回実施される本社主導の調査」という説明をします。もちろん買い手側の来訪者にも、これ以外の説明は絶対にしないよう徹底します。

　それでも社内でウワサが立ったり、総経理に「日本本社はわが現法の持分を手放す計画なんですか」と直接聞いたりしてくる従業員も出てくるでしょう。さらには「親会社の変更は労働契約の変更だから、経済補償金がもらえる」という間違った認識を勝手にもったり、それをまことしやかに吹聴し始めたりする従業員が出てくることもあります。実際、日本の親会社の大株主が変わっただけで、中国現法の従業員たちが「経済補償金をよこせ！」とストライキを打った事例もありました。

　よって、いつまでは対従業員に情報を統制して伝えないのか、また、いつどのように伝えるのか、は非常にナーバスな問題でもありますし、M&A交渉とは別の次元で、貴社側としてしっかりと考えておく必要のあるテーマです。

Q12 売却価格を高く誘導するためには、どのような交渉術が必要ですか。

　中国現法の売却交渉において、「いくらで売却できるか」はM&Aの成否を決定づける最も重要な要素です。以下、価格交渉の場面で主張すべき論点と主張すべきでない論点に分けて、交渉術のポイントをご紹介します。

(1) 中国人の値段交渉時の根本思想

　たとえば、中国の土産物屋で定価の決まっていない商品を買うとき、買い手が売り手に「いくらですか」と値段を聞くと、売り手は途方もなく高い金額を提示してきます。買い手が「じゃあいらない」と答えると、今度は売り手が「ちょっと待って！」と少し下げた金額を再提示します。まだ高いので買い手がもっと低い金額を要求し、双方の言い値が徐々に近づいていきます。このようなやりとりが続くなかで双方の価格が一定の水準に収束し、最終的に価格が決定する、という「値段の掛合い」は日常茶飯事です。ちなみにこの掛合いを、中国語では「討価還価」と言います。

　日本人同士の交渉なら、「法外な金額提示は相手に失礼かもしれない」と考えて、最初から妥結予想額の（狭い）レンジ内での価格を提示するのが暗黙の礼儀であるのとは大きく異なります。

中国は国土が広く人口も多いので、全人民に浸透した「常識」もしくは「共通認識」が形成されにくい国です。中国人同士も「異文化」とのぶつかり合いのなかで毎日生きているので、売買価格の交渉が妥結するまでは、どんな価格を提示しても失礼に当たるなどの心配はいりません。価格が折合わなければ売買が成立しないだけのことですので。

　現法売却M&Aにおいて、売り手の最初の提示額は「これ以上の売却価格は提示しません」という「上限価格の提示」ということにすぎません。買い手側もそのように受取っており、また買い手の最初の提示額も同様に「これ以下の買取価格は提示しません」という「下限価格の提示」を行っただけなのです。

　よって、もし価格を提示しなければならないのであれば、簿価純資産法やDCF法で試算したなかで最も高いものを基準とした数字を提示するようにしてください。

⑵　現法にかけてきたコスト

　日本人駐在員や日本からの出張者にかかったコスト、本社から移転した技術などの対価として、たとえば「売上高の３％」のような技術指導料を中国から日本に払ってきた場合、売却価格を決定するための交渉の現場では、「指導料の料率は、移転価格問題を起こさないために政府部門や税務局の指導にのっとり不当に低く抑えられてきた」と主

張します。

(3) 資産としての従業員熟練工やチームワーク

本社から移転した製造技術のみならず、育成された熟練工の能力や組織としてのまとまりは、多くの日系企業の強みでもあります。これらを数値化することはむずかしいのですが、売却M&Aにおいては売却価格への上積み要素として指摘すべきです。

(4) 商　　圏

買い手にとってM&Aにより現法を購入するメリットは、それまでのさまざまな資産を継続して利用できるところにあります。貴社現法が築き上げてきた客先や販路などの商圏も、大きな資産として売却価格へ乗せることができます。

(5) SWOT分析も有効

売却価格の交渉時に上記論点を提起するためには、対象会社の「強み」を綿密に分析しておく必要があります。またその分析過程で同時に「弱み」も把握し、「弱み」を消してくれる「機会」や、「弱み」と結びついては困る「脅威」も洗い出しておきます。この手法は経営学で言う「SWOT分析」で、中国現法にも十分適用できます。

Q13　売却M&Aによって、これまで現法が締結していた契約に影響が出ることはありませんか。

　ありえます。現法が取引先と締結した各種契約のなかに「契約当事者の経営権の移動があった場合、契約内容が制限を受ける」旨の条項があった場合に、起こります。M&Aの世界では「資本拘束条項」もしくは「Change of Control条項」と呼ばれます。その例としては、「契約当事者の出資持分に〇％以上の変動があった場合は、なんら催告することなく本契約は解除され、変動のあった当事者は違約金を支払う」というような厳しい内容のケースもありますし、「変動から〇日以内に書面で通知しなければならない」というだけの緩い契約もあります。

　この条項によって解除される契約内容が、現法運営の根幹にかかわる材料購入・ノウハウ使用・製品販売である場合、M&A後の現法をスムーズに運営できなくなる可能性も出てきます。そうなると、買い手側がM&A自体に躊躇する事態も想定されるため、上記のCOC条項がネックとならないように、売り手側は事前に状況を把握して対策を講じておく必要があるでしょう。

Q14 M&A後のフォローについては、どのように交渉するのがよいですか。

　買い手側が貴社現法の運営や製造技術についてまだ明るくない場合、たとえば「現法売却後も2年間は、日本人技術者2名を常駐させる」というような条件を、M&A交渉のなかで提案することもあります。その場合、有償派遣も無償派遣もありえますが、無償派遣の場合は当然にしてそのコスト分を売却価格に織込みます。また有償無償に関係なく、派遣される人員の中国での住居やビザの手配については、買い手側が責任をもつようにも約定します。

　貴社や貴社グループが、売却後の現法の製品やサービスを一定期間内に一定の価格で買取る契約を締結する、ということもあります。買い手にとっては、購入後のスタートダッシュを滞りなく進めることができるので、大きな安心材料になります。その安心はもちろん売却価格に盛込む方向で交渉します。

　売却後に生産される製品や提供されるサービスに、貴社のロゴを使ったり、貴社の指導のもとに製造・提供されたと記載することについても、それを許可するのか否か、いつまで許可するのか、また、許可するのであればその対価をどのように徴収するのかも、交渉するようにしてください。売却M&A後は、貴社は現法経営に直接かかわることはできないので、M&A時の契約でしっかり約定しておき

ましょう。

　売却後の社名変更についても、貴社の子会社と勘違いされないような名称にしてもらわないと困るので、売却交渉が終盤を迎える頃に、買い手側から新社名の候補を提示してもらい、貴社がそれを内諾し書面に残す、ということも行っておきましょう。

　これらの留意点は、中国での売却M&Aをたくさん経験した人であればもれなく思いつくことなのですが、残念ながらそういう人はまだ少数しか存在しないのが現状です。またこれら論点は、売却M&A業務へのサポートを「法律面は弁護士に、会計面は会計士に」と別々に依頼すると、おそらく抜け落ちてしまうことでしょう。詳しくはQ16でご紹介しますが、貴社にも「専門家を見極める眼力」が求められる時代になってきました。

Q15 売却M&Aの対価を受取るために利用できる「資金監督管理口座」とは、どのような口座ですか。

「資金監督管理口座」とは、売買対価の資金の受渡しを確実に実行するために開設する、特別目的の銀行口座です。中国にある銀行でしたら、中国系のみならず日系銀行の在中国支店でも開設できます。売買対象物の譲渡と資金の決済とを同時に行うことがむずかしい取引に使われる口座で、売り手と買い手が国をまたいで高額な船を売買する際や、米国などで面識のない個人同士が不動産を売買する際に使われてきた「エスクロウ口座」に似た概念です。中国では近年、資金の不当な海外流出を防遏する観点から、商務部門が「出資者変更登記が終了するまでは、対価を海外に送金してはならない」と言い出す街が増えてきており、この口座が脚光を浴びるようになってきました。

売却M&Aで利用される資金監督管理口座は、買い手である中国系企業と売り手としての日本法人、そして中国にある銀行の3者で1つの契約書にサインします。まず所定の金額を買い手が入金し、銀行が預かります。銀行は、契約書に書かれた一定の要件を確認しない限りはその資金を売り手に送ってはならない、という約定内容になっています。もしも、売り手が一定の要件を満たせない場合は、銀行はその資金を買い手に返却します。

口座の管理手数料は、日系銀行では管理監督する金額の0.3％が標準的で、売り手が負担しても買い手が負担しても、また両者折半負担でもかまいません。多くの場合買い手である中国系企業はこのような仕組みに慣れておらず、手数料の支払にも抵抗感を示すケースが多いことから、手数料は貴社側が負担する前提で、売買価格を想定しておいたほうが得策です。

　ただし、中国の資金監督管理口座が国際的なエスクロウ口座と異なるのは、「口座の民法上の所有者は、資金を入金した買い手側企業である」という点です。もしも売却M&Aが完結する前に買い手企業が破産した場合などには、人民法院がこの口座を差押えにくる可能性がありますので、現法の出資者変更登記をすみやかに行って、資金を日本に送金してしまうことが重要です。

20世紀後半と21世紀前半では
状況が異なる！

　土地も税金も人件費も安かった20世紀末までは、経営判断や現法運営に少々のミスがあっても、多くの日系企業は中国でそれなりの収益をあげてきました。中国ビジネスに携わる当時の日本人社会には、やがて中国にも（好景気というプラスイメージでの）バブルがやってきて、「中国の繁栄とともに進出日系現法もさらに大きく儲けることができるはずだ」という雰囲気が蔓延していました。

　はたして21世紀に入った中国では、2008年のリーマンショックの悪影響を受けることなく予想どおりのバブルを謳歌してきたのですが、その後の各日系企業は必ずしもその恩恵にあずかれていないのが実態です。人件費の高騰と労務管理の難化、環境問題を理由とする都市部製造業への風当りの激化や各種ユーティリティ価格の上昇など、日系企業の経営難度はむしろ高まっています。もちろん、この荒波をうまく泳ぎ抜き、安定的に収益を確保している日系企業が一定数存在するのは事実です。しかし多くの日系企業は、軒並み苦労しています。

さらに、ほとんどの日系企業がまだ意識していない重大な論点なのですが、中国現法の営業許可は製造業では50年間が最長であり、購入した土地使用権は50年経過時点で無償で国家に返還しなければなりません。すなわち、現法設立から50年が過ぎると、同じ場所での操業ができなくなるのです。そのための対策を考え始めている日系企業は、まだごく一部の大手に限られています。

　21世紀が折返しを迎える2050年になって、過ぎ去りし100年間を振返ると、おそらく「20世紀後半（正確には1978年の改革開放以降）はラクに稼げたけど、21世紀前半は苦労したね！」ということになるのではないかと思います。
　そのなかでも「勝ち組」に残るのか、それとも中国事業に散財して終わるのかは、現法の後半の「寿命」をどう考えるかにかかっています。そんなラクな時代はもうとっくに終わっています……！　これに早く気づいた企業は生き残れる、といえるでしょう。

第 **2** 章

中国現地法人
売却M&Aの実践的知識
──スムーズな売却のために知っておくべきテクニック

Q16 中国現法売却M&Aにあたり、どのような外部専門家に相談すべきですか。

　一般的なM&Aにおいては、弁護士・会計士・コンサルタントなどの外部専門家に業務の一部を委託することもあるでしょうが、中国においては少し事情が違います。もちろん、青天井の予算が確保できる大企業であれば、それら専門家にいくら払っても結構ですが、そんな時代でもありませんので、コストパフォーマンスをしっかり考えて限定的な依頼にすべきです。

(1) 法律面でのアドバイザー

　「法律の相談は弁護士に」という考え方も一理あるのですが、売却M&Aにおける法律面でのチェックポイントは、将来のリスクをいかにスムーズに買い手側に負担してもらうか、もしくは、そのリスクをいかに売買対価に織込むか、というところにあるので、ガチガチの法律論からの助言よりもビジネス戦略的なアドバイスをしてくれるパートナーを探すべきです。その業務に長けている弁護士は、弁護士業界においてもまだごく少数であり、そのような弁護士を探し当てるためには、弁護士を見極める一定の眼力が必要です。

　日本でも中国でも弁護士は余剰気味ですので、話をもちかければ間違いなくすべての弁護士が「もちろん経験も豊

富ですので、私の事務所で是非担当させてください」と回答するでしょう。しかしM&Aは交渉事です。事務所として優秀かどうかよりも、依頼する弁護士自身が優秀かどうかによって成否は大きく左右されることも、テイクノートしておいてください。

⑵　会計面でのアドバイザー

売却M&Aにおいては、売り手側が主体的に対象会社のDDを行うわけではないので、買い手側が主張する企業価値をいかに安く叩くことができるかということが重要になります。弁護士同様、会計士も全体数は余っていますので、相談を持込めば、どこの事務所も喜んで引受けてくれるでしょう。しかし、売却M&Aで必要なのは買い手側の主張する評価結果を冷静に論駁する力量ですので、やはりそれができる力量のあるアドバイザーかどうかを見抜く眼力が必要です。

⑶　必要度の低いアドバイザー

売却M&Aにおいては、売却後の経営責任をできる限り負わないような仕組みをつくったうえで売却代金が受領できればそれでOKですので、一般的なM&Aで起用される環境コンサルタント・設備コンサルタント・人事コンサルタント・ITコンサルタントなどは、必要度の低いアドバイザーといえます。

⑷　必要なのは事業戦略系アドバイザー

　やみくもに弁護士や会計士などの専門家に声をかけて高額な報酬を支払うのではなく、まずは中国現法売却M&Aの経験が豊富な事業戦略系アドバイザーに状況を説明することをお勧めします。そのうえで、法務・会計・税務などのさまざまな要素に関し、どの外部専門家を選定してどれだけの業務をそれぞれ依頼するかについて、コストパフォーマンスを検討しつつ決定すべきでしょう。その選定や決定過程において、真に貴社の立場に立ってコントロールしてくれるアドバイザーこそ、必要なアドバイザーといえましょう。

　交渉相手が中国企業の場合、通訳の能力も重要です。この能力とは単なる語学力を指すのではなく、M&A交渉業務に長けていて、かつ、日本語と中国語に堪能な事務所を介して交渉すべき、ということです。

　中国での売却交渉会議において、日本人総経理が日本本社の依頼を受けて同行していた日本人会計士に意見を求めたところ、（中国語のできない）日本人会計士が同席していた香港人会計士に英語で再質問し、香港人会計士からの英語の回答を日本人会計士が日本語で総経理に伝える、という滑稽な場面を傍聴したことがあります。通訳を介する度に、コミュニケーションギャップのリスクは高まるものです。いくら弁護上や会計士などの資格をもっていても、中

国の事情や中国語を解さない人は、M&Aチームの主要メンバーとしては考えないほうが得策です。

　売却M&A交渉は、単なる事務作業ではありません。法律や会計や税務の知識は当然にして必要ですが、そのうえで、戦略をもって買い手側との話を進めるべきです。多くの弁護士事務所や会計士事務所は、「ベストエフォート」でサービスを提供してくれますが、それは「できることはやりますが、できないことや専門外のことについては責任とれません」という意味であり、多額の手数料を支払った割には所期の目的には達することができなかった、という結果にもなりかねません。

　「専門家を見極める眼力」も、売却M&Aの成否に大きくかかわってきます。

(5)　見抜くためのキーワードはMECE

　私たちがクライアントのサポートをする際に常に心がけているのは、MECE（Mutually Exclusive and Collectively Exhaustive：ミーシー＝ダブリなく、もれなく）という原則です。

　MECEについては、すでに多くの書籍が出版されていますので本書では解説を省略しますが、貴社の「眼力」を高めるために、是非MECEという思考方法を頭の隅に置いておいてください。

Q17 　フィナンシャルアドバイザーは必要ですか。

　中国現法売却M&Aには、一気通貫で法務・会計・税務から出資者登記変更手続までの一連の業務をプロジェクトの中核として総合的にアドバイスできるフィナンシャルアドバイザー（以下「FA」）を起用することをお勧めします。

　中国現法売却M&AにおけるFAが担うべき役割は、案件全体のプロセスマネジメント、日本本社と買い手側との各種会議の設定、買い手側が実施したDD内容の精査と反駁、必要に応じた法務・会計・税務面やマスコミ対応・プレス発表での留意点の提起、中国人従業員の動揺を抑えるための施策の提案、買い手側との円滑な交渉のための水面下交渉、中国当局への円滑な説明と手続、などのあらゆるアドバイスを複合的に、かつ、無理なく無駄なくタイムリーに提供する業務です。

　一般的にFAを依頼する先といえば、証券会社・銀行・監査法人、もしくはM&Aを専門としている独立系ブティックファームが思い浮かびますが、中国現法売却M&Aを専門業務としているファームは限られており、プロフェッショナルなアドバイザーの数もまだまだ少ないのが現状です。

　売却M&Aにおいて、事前に大手証券会社に企業価値評価を依頼し、その評価業務だけに1,000万円を超えるコストを支払っていた企業もありました。その後開催された買

46

い手（中国人）との交渉で、ＦＡとしての証券会社が自信満々で100ページを超える評価報告書を説明したのですが、買い手はまったく異なる算定方法を主張し、結果的には難解な証券投資理論ではなく双方のトップ会談で価格が決まってしまい、分厚いレポートはただの紙屑となってしまった、という事例もありました。

　ＦＡの起用に際しては、専門性の高さは大切ですが、もう１点、貴社から稼ごうとするのではなく、貴社の立場に立ってM&A交渉をマネジメントするコスト意識の高いアドバイザリーファームを起用するようにしてください。悪意をもって貴社からフィーを掠（かす）め取ろうとしている事務所はあまりないかもしれませんが、誰も改めようとはしない業界の構造的体質の余波を受けて、無意識のうちに「掠め取られてしまっている」事例はたくさんあります。

　自社にそれらを「見抜く力」が備わっているか否かが心配な場合には、まずはそれらを見抜く力をもった人に相談したり、過去に現法売却M&Aで成功したり失敗したりした他社に正面から謙虚に教えを乞うことも近道の１つです。

　ＦＡには一般的に、数百万円から高ければ数千万円のコストを支払います。それだけのコストを無駄にしないためにも、しっかりと選定されることをお勧めします。

Q18 独資現法を中国人従業員に買ってもらう、すなわちMBOを行うことは可能ですか。

　中国において、現法の出資持分を中国国籍の個人（単数でも複数でも可）に売却することは可能です。一般的に言われるMBO（Management Buyout）と同義と考えても大きな間違いではありません。売却先は経営幹部でもかまいませんし、一般従業員やその親戚でもかまいません。また売却先は、外国籍の個人でもかまいません。ただし、1人の自然人が設立できる会社は1社だけですので、貴社現法を買取った個人は、2社目の出資者となることはできません。

「公司法」

第58条　1名の自然人は、投資して1つの一人有限責任会社のみを設立することができる。当該一人有限責任会社は、投資して新たな一人有限責任会社を設立することができない。

　買い手が個人ですのであまり高い価格での売却は期待できないかもしれませんが、なかなか売却先が見つからない場合や現法の解散を検討している場合には、1つの解決策として従業員への売却も模索してみてください。

Q19 買い手候補から「手許資金が少ないので購入対価を分割払にしてもらえないか」と言われています。どう対応すればよいですか。

　買い手が信頼できる先なのであれば、法的には可能とお答えしますが、貴社にとっては出資者変更登記を終えた後も買い手に無担保で巨額の資金を海を越えて融資していることになりますので、そのリスクのすべてを貴社が負います。そのリスクをとれるか否かが、判断の分岐点となるでしょう。

　分割に応じないとほかによい売却先が見つからないのであれば、まずは買い手に持分の50％を売却して折半出資合弁企業に変更し、一定期間後に残りの50％を売却して、完全に引渡すという方法もあります。従業員や取引先にとっては、経営者が突然変更されるわけではなく猶予期間をもって段階的に変更されるので、衝撃は小さいともいえますが、貴社にとっては手続が煩雑になります。また、合併経営が固定化してしまう可能性も残ります。

　このような段階的譲渡は、積極的にお勧めする方策ではありませんが、ほかに選択肢がない場合には一度考えてみる手法ともいえます。

Q20 現法に銀行からの借入残高がある場合、買い手側に債権譲渡できますか。

　中国でも、債権譲渡は可能です。「契約法」（1999年［国家主席令第15号］）第79条に「債権者は、契約上の権利の全部または一部を第三者に譲渡することができる。（後略）」とあります。

　その効力発生には債務者への通知が必要とされています。同法第80条「債権者は、権利を譲渡する場合には、債務者に通知しなければならない。通知を経ない場合には、当該譲渡は債務者に対し効力を生じない。債権者が権利を譲渡する旨の通知は、これを取消してはならない。ただし譲受人の同意を経た場合を除く」と規定されています。

　しかし、実際の銀行借入には日本の親会社からの債務保証が入っているでしょうから、そのまま買い手側に譲渡することはありえないと思われます。よって、現法の持分を譲渡する前にまずは銀行借入を完済する、というのが現実的といえましょう。

　となると、現法の借入に関する銀行との契約書に、期日前に返済できる条項が記載されているのか、また、期日前に返済する際になんらかの違約金を課されることがないのか、については、事前にしっかり調査しておいてください。また、人民元建借入ですとスンナリ返済できますが、外貨建借入ですと銀行との取引だけではなく外貨管理局で

の外債登記抹消などの手続も必要ですので、完済まで一定の時間がかかることも事前に把握しておいてください。

　中国内のグループ企業から銀行経由で人民元を融通してもらう「委託貸付」の残高がある場合にも、現法売却までに精算しておく必要があります。

　となると、現法売却のためにはこれら借入を返済するだけのキャッシュがなければならない、ということになります。もしキャッシュが足りない場合は、売却前に親会社からの増資によってキャッシュを注入する、ということも考えられます。もしくは、親会社との貿易取引等において、親に債務免除してもらう（＝親が債権放棄する）ことも考えられます。

　現法売却を検討する初期の段階において、「債務をどのように整理しておくか」は優先順位の高いテーマである、ということを肝に銘じておいてください。売却M&Aの検討を開始した段階から、この点についての着地点をしっかり認識したうえで、売却交渉に臨むようにしてください。

現法に親子ローンの残高がある場合、買い手側にその債務を譲渡できますか。

　中国でも理論上は債権債務の譲渡は可能ですが、親子ローン債権の譲渡人は外商投資企業であることから、債権自体が外貨管理局管轄の「外債」扱いとなりますので、一定の注意が必要です。

　すなわち、現法売却M&Aが完了した時点で、貴社は出資者ではなくなりますが、引続き「外債」の債権者であり、この「外債」を新しい出資者である買い手企業に譲渡した場合は、属性が国内債務に変化します。債権の管理カテゴリー変更に関する外貨管理局の明確な規定は存在せず、また債権譲渡の対価を買い手企業から貴社に対外送金する際についても、その手続を定めた規定は見当たりません。よって明確に言えるのは「外債登記の変更手続を外貨管理局で行ってください」ということだけです。一方、外貨管理局で変更登記ができない限り、そのローンの債権者は貴社のままですので、債権譲渡自体がスムーズに完了しない可能性は、なお残ります。

　また細かい論点ですが、「投注差」に基づく親子ローンの枠を設定していても、今回の売却M&Aに伴い現法は外商投資企業ではなくなりますので、外商投資企業の時代に貸付実行ずみの債権については契約にのっとりその回収を行えますが、貸付を実施していない部分が残っている場合

には、外商投資企業でなくなった時点で「投注差」を利用した新たな貸付を実行できなくなります。

　「外債登記管理弁法」附属書類2「外債登記管理操作指針」の「非銀行債務者が外債契約登記を行う場合」の「注意事項3」に以下のような規定があります。「外商投資企業が、増資や持分の転換および制度改革等の原因により外国投資家の出資比率が25％を下回り、または企業類型に変更が生じて自己の"投注差"を計算するすべがなくなった場合には、中国資本企業の外債借入を参照して管理をするように変更する。当該企業が外商投資企業であったときにすでに発生していた外債の資金の引出については、この操作指針の規定に従い人民元転および元金償還・利息支払等の関連する手続を継続して行うことができる。ただし当該企業は、新たな外債資金引出業務をそれ以後発生させてはならない」（ただし、2020年の「外商投資法」施行に伴い、この規定も数年内には変更される可能性が高いと思われます）。

　債権譲渡は不可能ではないもののそのハードルはかなり高いことから、売却M&Aに際してはまず親子ローンを精算しておくことを強くお勧めします。

Q22 持分譲渡契約に記載しなければならない事項は何ですか。

　持分譲渡契約は、売り手と買い手が締結するものですが、「双方が合意すればそれでよい」というものではありません。持分移転登記が順調に行えるような契約内容については、一定の作法があります。

　2019年末までは、1997年制定の下記規定が存在しましたが、2020年の「外商投資法」施行に伴い廃止されました。ただし新しい規定が出るまでの運用においては、ほかに拠り所とする法令法規がないことから、下記規定が便宜的に援用されるものと考えられます。

「外商投資企業投資者の持分変更についての若干の規定」

第10条　持分譲渡合意には、次の主たる内容を含まなければならない。

(1)　譲渡人および譲受人の名称および住所ならびに法定代表者の氏名、職務および国籍

(2)　譲渡される持分の割合およびその価額

(3)　譲渡される持分の受渡の期間および方式

(4)　譲受人が企業の契約および定款に基づき享有する権利および負う義務

(5)　違約責任

(6)　適用法律および紛争の解決

(7)　合意の発効および終了

(8)　合意締結の時および場所

> **第20条**　持分譲渡合意ならびに企業の原契約および定款の修正
> 合意は、変更した外商投資企業認可証書の発行の日から効力
> を生ずる。合意が効力を生じた後に、企業の投資家は、修正
> 後の企業の契約および定款の規定に従い、関係する権利を享
> 有し、かつ、関係する義務を負う。

　2020年から「外商投資法」が施行されましたので、古い
時代のフォーマットは、参考にしつつも鵜呑みにしないよ
うにしてください。効率的に進めるためには、現法を管轄
する商務部門や工商行政部門と連絡をとりつつ、持分譲渡
契約をつくっていくことをお勧めします。また、弊社のよ
うに現法売却M&Aのサポートを繰り返し行っている
ファームでしたら、貴社ニーズに適合した案文を短時間で
作成できるでしょう。その場合、日本語版と中国語版の翻
訳能力もしっかりチェックしてください。

売却M&A後の資材・部品の供給や製品の買上げには、どのように対応すればよいですか。

　これまでは日系企業のグループの一員であった現法が、そのグループから離れることになるわけですので、これまで行われていた材料や部品の供給、製品の買上げなどの商流を維持するのであれば、売却後現法との取引はグループ外企業との取引に変わります。グループ外企業の取引に変わったからといってすぐに値段を上下させると、売却後現法を運営する中国側も黙ってはいないでしょうし、①税務局から移転価格に関する指摘を受ける、②税関から査定価格に関する指摘を受ける、などの問題も発生しかねませんので、譲渡直後に価格を大きく変えることはお勧めしません。

① 移転価格（Transfer Price）

　たとえば、譲渡前の現法が出資元である日本本社から市場より「高い」価格で資材を購入していた場合、管轄の税務局から「日本本社に不当に利益を移転している」→「中国現法の利益を下げることで中国の企業所得税の納税額を下げている」との指摘を受け、税務局の査定した「低い」輸入価格で購入して利益をあげたものとして企業所得税を追納させられる、というケースが典型例です。

② 査定価格（Assessed Price）

逆に、譲渡前の現法が出資元である日本本社から市場より「低い」価格で資材を購入していた場合、管轄の税関から「不当に安い価格で輸入している」→「支払うべき輸入関税を不当に下げようとしている」との嫌疑をかけられ、税関が査定した「高い」輸入価格で関税を追納させられる、というケースが典型例です。この問題は、中国現法が日本本社に技術支援料や商標使用料を支払っている場合に、「それら送金は、実は日本本社への利益補填ではないか」という観点からリストアップされ、摘発される場合もあります。

買い手側である中国側出資者も、譲渡直後の現法の安定運営のため、一定の期間は日本本社との取引条件を維持することを希望してくるでしょう。譲渡後の条件維持期間をどのくらいにするかも、現法の譲渡価格に影響する要素ですので、譲渡交渉の１つの議題とすることをお勧めします。また、持分譲渡契約書に盛込むか、持分譲渡契約書以外に別途約定することも、考えてください。

Q24 売却M&A後も技術支援を求められた場合、どのように考えればよいですか。

　買い手側中国系企業から、持分購入後も技術支援や技術者派遣を継続してほしい、と求められる場合があります。譲渡前に駐在していた日本人駐在員が、譲渡後も技術顧問として引続き駐在するケースもみられます。

　これら支援の条件については、譲渡条件交渉中にしっかり約定しておくべきです。多くの場合は、有償での技術者派遣としますが、将来にわたってのその対価の回収に不安がある場合は、売却価格のなかに盛込んでおくことも可能です。

　派遣される技術者が日本国籍であれば、ビザや住居の問題が発生します。それらの実費をそのつど日本から送金することは煩雑なので、やはり売却価格のなかに盛込んで交渉したほうが得策です。誰を派遣するかについては、60歳を超える外国人には就労ビザが下りにくいという現状も視野に入れておいてください（これは、中国人男性の定年年齢が60歳であることに起因していると思われます）。

Q25	売却M&A後も引続き従来の商標を使用したいと持掛けられた場合、どのように考えればよいですか。

　買い手側中国系企業から、売却M&A後も継続して、従来の商標を使用して製品やサービスを販売したい、と持掛けられる場合があります。

　その商標が、日本本社やグループのものであれば、譲渡後の使用は断る、という判断もありうるでしょう。逆に、日本本社のOEM先として一定の品質の製品を供給してくれるのであれば、一定の条件のもとで使用を許諾するというケースも考えられます。

　その商標が現法独自のものであれば、商標も含めて譲渡する、という考え方もあります。

　いずれにせよ、譲渡後の商標使用を認めるのであれば、それなりの対価を取得すべきです。持分譲渡価格に無形資産分として上乗せするか、譲渡後も毎年一定額を徴収するか、あるいはその両方で、という方法が考えられます。

必ずやってくる2030年問題への対処を！

　日系企業の戦後の中国進出の歴史は、1978年の中国の改革開放路線に始まります。もっとも当時は「共産主義の国に工場なんか設立したら、いつ勝手に収用されてしまうかわからない」の類のウワサがまだまことしやかに囁かれているような時世でしたので、日系企業の進出ラッシュはすぐにはやってこず、1980年代に入ってやっと、福建日立電視機有限公司（ブラウン管テレビ製造＝1981年・日中合弁）や三洋電機（蛇口）有限公司（オーディオ機器など製造＝1983年・日本独資）など日系の大手製造業が中国に工場を建設し始めました。

　その後、1990年代に入ってからは、1995年のピーク時「１ドル＝79円」という未曽有の円高の影響で、大手も中堅も、こぞって中国に工場を建設しました。当時は、上場企業を訪れた証券会社のアナリストが「貴社は中国やらないんですか。中国やるって発表すれば、株価がスグ上がるんですけどね」というように、中国進出を煽っていたくらいでした。

　そして、21世紀になると、日本の中堅中小企業やサービス業も、どんどん中国に現法をつくり始めました。

1980年代の第一陣が50年目の「経営期限」を迎えるのは、間違いなく2030年代です。50年目を迎える企業がその対応に追われるのをみて、1990年代組や2000年代組も50年目に向けた対応を考え始めるでしょう。そう、2030年になると万の単位の日系企業が、「将来どうしよう……」と考え始めるのです。であれば、もう少し前から対応を講じても、まったく遅くはないでしょう。

　第2章における売却M&Aは、貴社（日本本社）が中国現法に出資した出資持分の全額を、中国系企業に売却するケースをメインに想定しています。現法が独資でも合弁でも、基本的な考え方は大きく異なることはありませんので、第3章以降の基礎的理解ともなります。

　また売却先が日系企業や非中国企業である場合でも、本書の全プロセスを総合的に把握しておくことは、必ずや役に立つでしょう。

　現法は本社のためにあります。本社の発展なくしてグループの発展はありません。投資先としての現法をどう扱っていくか、一度立ち止まって考えなかった本社は、いつの日か問題を先送りしていたことに気づき、後悔するでしょう……。

第3章

中国現地法人
売却M&Aの応用的知識
──日中合弁企業での持分売却

2020年1月1日から「外商投資法」が施行され、これまでの「外資企業法」「中外合資経営企業法」などが廃止されましたが、そもそも何がどう変わったのですか。また、売却M&Aに際して留意すべき点はどこですか。

　新法については、弁護士事務所や金融機関などの各所からその解説文書が出回っていますが、「2019年末までに設立された合弁企業と2020年以降に設立された合弁企業では、ルールが異なる」という部分に注目しすぎて、「わが社は何もしなくても2024年末までは大丈夫」と高をくくっている方が非常に多いのが事実です。

「外商投資法」

第42条　この法律は、2020年1月1日から施行する。「中外合資経営企業法」「外資企業法」および「中外合作経営企業法」は、同時にこれらを廃止する。

　この法律の施行前に「中外合資経営企業法」「外資企業法」または「中外合作経営企業法」により設立された外商投資企業については、この法律の施行後5年内は引続き従前の企業組織形態等を保留することができる。具体的な実施弁法は、国務院がこれを定める。

　2019年末までは、一般法としての「公司法」と、特別法としての「外資企業法」（独資企業に適用）や「中外合資経営企業法」（合弁企業に適用）が存在したので、「公司法」

との規定が異なる場合は特別法が優先適用されることが明確だったのですが、2020年以降は「外商投資法」に定めがない場合、日系独資でも日中合弁企業でも一般法である「公司法」が適用されるケースが増えるでしょう。

　また2019年末までは、独資企業に適用される「外資企業法実施細則」や合弁企業に適用される「中外合資経営企業法実施条例」があったのですが、2020年に「外商投資法実施条例」が施行されたことで、いずれも廃止となりました。

　日系企業の企業運営において各社が最も気にするのが、「公司法の適用が開始されるにあたって、『株主会』を設置しなければならないようだが、そもそも株主（出資者）が１社もしくは２社の場合でも『株主会』は必要なのか」という部分です。

　この件については、「公司法」が適用されますので設置は必要ですし、2024年までの猶予期間中においても、定款変更や出資者変更の手続の際に「『株主会』の議決を提出しなさい。『株主会』を設置していないのならば、まず設置してから手続に来なさい」という実務運用が全国で繰り広げられることは、十分に想像できます。

　よって、2024年までの猶予期間を待たず、株主会を設置しておくことを強くお勧めします。

となると次に、「董事会が存在するのに、その上に同じような構成員からなる株主会を設置しても、実質的意味は何もないのでは」という疑問が湧いてきます。しかし中国は形式主義の国です。その形式を守っていないだけで行政手続の際に無駄な時間を使わされる可能性が高いことから、ぜひとも先回りして株主会を設置しておいてください。

　その際、株主会と董事会の議決が異なると面倒な事態になりますので、株主会規則・董事会規則・合弁契約書・定款などに「株主会は董事会の議決を追認しなければならない」のような条項を設けておくことで、想定されるトラブルを回避することができます。

　すなわち、実務的な討議は董事会が行い、株主会はその議決事項と同じ判断を（形式的に）下す、というルールを内部で決めておくのです。日本本社1社の出資による独資企業であれば、このルール制定が問題となることはないでしょう。しかし日中合弁企業の場合は、株主会が董事会と異なる議決をするという事態を想定した解決策を事前に作成しておかないと、現法の意思決定がデッドロックに乗上げてしまうリスクを常に抱えたまま運営していくことになりかねません。この手法は、まだあまり浸透していませんが、独立・合併にかかわらず2024年末までにすべての日系企業が必ず直面する課題に対して、現状考えられうる最も有効な解決策です。

今後、実施細則が公布されれば問題解決の指針となりうるのですが、「公司法」は外商投資企業のためにつくられた法律ではなく、中国国内のすべての会社のために存在するという大原則を考えれば、まだ一定の時間がかかりそうな論点です。ここは「長いものには巻かれろ」のスタンスで臨んだほうが、無駄な労力を使わなくてすむ、といえるでしょう。

　ですので、売却M&Aにおけるスムーズな出資者変更登記のためにも、形式的なもので結構ですので株主会を設置しておいてください。買い手側にとっても、「株主会を設置していない会社を買取ってしまうリスク」を払拭することができますので。

2020年の「外商投資法」施行に伴い、日中合弁企業において日本側の持分を中国側に譲渡する場合、その決議に対する規定はどのように変化しましたか。

　2019年末まで有効であった「中外合資経営企業法実施条例」の第33条においては、合弁企業の親会社変更は定款変更事項ですので、「董事会の全会一致決議」が義務づけられていました。2020年からの「外商投資法」にはこの規定がないことから、「公司法」第43条の「3分の2決議」が適用されます。

「公司法」

第43条　株主会の議事方式および議決手続については、この法律に規定があるものを除き、会社定款で規定する。

　　株主会会議は、会社定款の変更および登録資本の増加または減少の決議ならびに会社の合併・分割もしくは解散または会社形態変更の決議をする場合には、必ず3分の2以上の議決権を代表する株主の採択を経なければならない。

　中国側出資比率が3分の2超である合弁企業において、2019年末までの全会一致の時代は日本側にも重要事項への拒否権があったものの、2020年からは3分の2の議決で中国側に押切られてしまう可能性が出てきました。

　この問題を未然に防ぐために、まずは「株主会」を設置したうえで、「株主会では、定款変更・増減資・合併分

割・解散清算などの重要事項は全会一致が必要」と定め、合弁契約・会社定款・董事会規則・株主会規則にも同じことを明記しておくことを、強くお勧めしています。

　「外商投資法」が施行される前に（＝2019年末までに）設立された企業は、2024年末までに（＝５年間の猶予期間が終了するまでに）新体制に変えればよい、との規定もありますが、トラブルを避けるためにも、早めに対策を講じておくことをお勧めします。

　中国の現状の経済法体系は、1978年の改革開放以後徐々に整備されてきたものであり、まだ50年未満の歴史しかありません。体系の不備は至るところにあり、今回の「外商投資法」も、「とりあえず急いで公布したものの、細則は情況をみつつゆっくり草起する」というスタンスのようです。リスクを極小化しつつこの事態に対処するためには、過去の経済法をしっかり読込んだうえで新法との差異を把握し、今後公布される細則の方向性を予測する、という作業が必要です。

「外商投資法」施行により、合弁相手との出資
持分の優先購買に関する権利関係は、どのよう
に変化しましたか。

　2019年末まで有効であった「中外合資経営企業法実施条
例」においては、その第20条に優先購買権に関する記載が
ありました。甲と乙の合弁の場合、甲が持分を売りたけれ
ば、まず乙に優先購買権が生じ、乙の買値を上回る条件を
提示した第三者の丙が現れた場合には、甲は丙に売却して
もよい、というものでした。

　2020年からの「外商投資法」には、この部分に関する記
載がありませんので、「公司法」第71条が適用されます。

「公司法」

第71条　有限責任会社の株主の間においては、その出資持分の
　全部または一部を相互に譲渡することができる。

　　株主は、株主以外の者に対し出資持分を譲渡する場合に
　は、その他の株主の過半数による同意を経なければならな
　い。株主は、その出資持分の譲渡に係る事項について書面に
　よりその他の株主に通知して同意を求めなければならない。
　その他の株主が書面による通知を受領した日から30日が経過
　しても回答しない場合には、譲渡に同意したものとみなす。
　その他の株主の半数以上が譲渡に同意しない場合には、同意
　しない株主は、当該譲渡される出資持分を購入しなければな
　らない。購入しない場合には、譲渡に同意したものとみな
　す。

　　株主の同意を経て譲渡される出資持分について、同等の条

件下において、その他の株主は、優先購買権を有する。2名以上の株主が優先購買権の行使を主張した場合には、各自の買取比率を協議して確定する。協議が不調である場合には、譲渡時の各自の出資比率に従い優先購買権を行使する。（以下略）

日本側1社と中国側1社が出資する合弁現法において、日本側が「〇〇元で売却したい」すなわち「〇〇元の対価をもらえるならば、合弁企業から資本を引揚げたい」と申出た場合には、中国側に優先購買権が生じます。

日本側が買い手候補である第三者を見つけてきて、中国側に「〇〇元より高い価格を提示している第三者に売却したい」と通告すれば、中国側はその価格を下回らない価格を再オファーしない限り、購入することができません。

中国側が「それならば当方も資本を引揚げたい」と申出た場合は、買ってくれる第三者を見つけて全額を売却するか、もしくは、合弁現法を解散させることになります。

日本側1社と中国側2社が出資する合弁現法において、日本側が「〇〇元で売却したい」と申出た場合には、中国側2社によるオークションとなります。日本側が高い価格をオファーする第三者を見つけてきた場合は、中国側2社と第三者とのビッド（競争入札）になります。

Q29 合弁相手ではない第三者に売却したい場合は、どのように考えればよいですか。

　法的には、合弁相手の希望購入価格よりも高い値段を提示する第三者が現れた場合には、合弁相手に通知したうえで第三者に売却することも可能です。ただし、合弁相手との関係を崩すことは結果的には得策とはならないことに配慮すれば、しっかりとした戦略と臨機応変な対応が必要であることがみえてきます。

(1)　購入希望者が複数の場合

　購入希望者が数社出そろったら、貴社が主導権を握って、今後のスケジュールと売却の条件を決めることが容易になります。

　まずは、有力な購入希望者、言い換えれば貴社が「買ってもらいたい」と思う希望者に関して、信用調査を行います。相手が中国企業の場合、「新華信（SINOTRUST）」に代表される中国の信用調査会社に依頼すると、1週間内外で信用情報が入手可能です。購入者がどんな会社であれ、貴社としては売れれば現法との関係はなくなるのですが、今後の交渉を紳士的に進めるに足る相手なのか、また、購入した後も元の出資者である貴社および各所ステークホルダーに迷惑をかけないのか、などを吟味するためです。

　購入希望者も、対象現法の財務内容と、過去の違法行為

や処罰歴・係争中裁判の有無などを調べようとしますが、まだ守秘義務契約を締結していない段階なので、（相手が信頼できる旧知の仲である場合を除いて）口頭での情報開示にとどめておくことをお勧めします。

　貴社側からは、購入申込みの締切日を書面で伝えます。口頭で結構ですので、貴社の「希望売却価格のラフなレンジ」も回答してあげたほうが、話が速く進みます。ただし交渉相手が中国企業である場合には、その「レンジの最低額」を「提示の上限価格」、すなわち「これ以上の価格を要求するつもりはない」というメッセージだと勝手に解釈して交渉を展開してきますので、注意が必要です。よってこの段階では、日本人同士の取引なら「えっ、冗談でしょ」と思われるくらいの高い価格を提示してもかまわないのです。その提示に対して中国側は怯むことなく自分の購入希望価格、すなわち「これ以下の価格で札を入れることはない」という意味の「下限価格」を提示してきます。これは多くの日本ビジネスパーソンが体感したことのない日中間の文化の相違であり、真面目に「ターゲットプライス」を先に提示した日本側が損をしたケースをこれまでたくさんみてきました。「中国人との価格交渉は、まず、とんでもなく高い球ととんでもなく低い球を投げあってから、互いにストライクゾーンを探りあうものだ」と覚えておいてください。

(2)　購入希望者が単数の場合

　購入希望者に「購入の意思を表明してくれたのは1社でした」などと開示してしまうと、この後の価格交渉で足許をみられかねませんので、あくまでも「継続募集中」「興味を示している先はほかにも複数社いる」かのごとく対応してください。

　まず購入希望者の信用調査を行いつつ、書面で購入申込みの締切日を伝えます。売却希望価格を提示する場合もあります。ただし、この希望者との話が破談になれば、また一から募集をし直さなければならず、この手間を避けたいとお考えでしたら、貴社の売却チーム内で役割分担を決め、たとえば部長が先方と会って下交渉を行い、ある程度の価格のレンジを先方と握り合いつつも、「こんな低い水準では役員決裁が下りない」のように上席に権限があるように匂わせ、初期段階での「価格のすり合わせ」を行います。

(3)　合弁相手への目配りと気配りも

　現在の合弁相手も、将来パートナーとなるかもしれない売却候補がどのような組織なのか気にしているはずです。また購入価格が安い場合は、合弁相手が購入について再度検討を始めるかもしれません。従業員の動揺や管轄行政への影響を考えれば、合弁相手に購入してもらうほうが波風

が立ちませんので、合弁相手へ情報を開示しつつ購入を検討させる方向に誘導していくのも1つの戦略です。第三者との交渉の過程で、合弁相手の関係が崩れるようであれば、トラブルを避けたい第三者が最終的に購入を断念するかもしれません。合併相手への目配りと気配りも大切だということです。

⑷　戦略的な売却交渉を

　よって合弁相手は、大切なお客さんにもなりうるし、交渉の局面が変化すれば売却M&A交渉相手にもなりうるのです。そのあたりをしっかりシュミレーションしつつ、売却戦略を立てていくことが大切です。

合弁相手が国有企業である場合と民間企業である場合には、売却価格を決める過程でどのような差がありますか。

　民間企業への現法売却であれば、「民間vs民間」の交渉事ですので、売却価格は任意に決めることができます。あまりにも安い価格の売却であれば、税務局が自ら査定した高い価格を基準として課税してくることはありえますが、売却自体は成立します。

　合弁相手が国有企業である場合には、現法の出資持分は「国有資産の一部」とみなされますので、売買価格について北京にある国有資産監督管理委員会（略称：国資委もしくはSASAC）が横槍を入れてくることがあります。国資委のスタンスは、「貴重な国有資産につき、不当に安い価格で売却したり不当に高い価格で購入したりすると、国家利益の流出につながるのでこれを監視し阻止する」というものです。よって、合弁当事者で出資持分の譲渡につき合意に達しようとしている直前に、国資委から「待った」がかかるケースがあるのです。日本側からすれば「ここまで合意を積み上げてきたのに……」と恨み節のひとつも言いたくなる事態なのですが、中国側幹部は当然にして国資委に頭があがりません。

　それを事前に防ぐためには、価格交渉過程で「国資委への根回しも、すでにやっていただいてますよね」と念押し

しておくことが重要です。日本側にはない習慣ですが、知っておくべき知識の1つです。

　もう1つ、親会社のその親が国有企業である場合など、合弁相手に少しでも「国有の血」が流れているのであれば、それは国有企業とみなして対応してください。また、地方政府が出資する「発展公司」が出資者に含まれる場合は、国有企業ではないのですが、売却M&A交渉の最終段階で、地方政府レベルの党幹部から「ご指導」が飛んできた事例もありました。

　いずれにせよ、日本と異なる社会体制を理解し、さまざまなステークホルダー（利害関係者）への目配りと気配りが必要であることを、あらためて強調させていただきます。それらのリスクも含めて、中国現法の売却M&Aには、さまざまな予測不可能な展開がつきものです。多様な変化に敏感に反応しつつも、冷静に対処していく姿勢が求められます。

Q31 持分譲渡の申請手続にはどのような定めがありますか。

　持分譲渡の申請手続には、一定の作法があります。「外商投資法」施行後の細かい手続規定が公布されていないことから、下記規定の第9条に定められている書類をそろえる必要があるとお考えください。

「外商投資企業投資者の持分変更に関わる若干の規定」（外経貿法発〔1997〕第267号）

第2条　この規定において「外商投資企業の投資家の持分変更」とは、中国の法律により中国の境内において設立された中外合資経営企業・中外合作経営企業および外資企業（以下「企業」と総称する。）の投資家またはその企業における出資持分（以下「持分」という。）に変化が生じることをいい、これには次に掲げる主たる原因により外商投資企業の投資家の持分変更がもたらされることを含むが、これに限らない。

⑴　企業の投資家相互間において持分の譲渡に合意するとき。

⑵　企業の投資家がその他の各投資家の同意を経て、その関連企業その他譲受人に対し持分を譲渡するとき。（以下略）

第9条　第2条第⑴号または第⑵号の原因により持分を変更する必要のある場合には、企業は、審査認可機関に対し次に掲げる文書を報告送付しなければならない。

⑴　投資家の持分変更申請書

⑵　企業の原契約、定款およびそれらの修正合意

⑶　企業の認可証書および営業許可証の写し

⑷　投資家の持分変更に関する企業董事会の決議

⑸　企業の投資家の持分変更後の董事会の成員名簿

⑹　譲渡人と譲受人とが締結し、かつ、その他の投資家の署名またはその他の書面の方式による承認を経た持分譲渡合意

⑺　審査認可機関が報告送付するよう要求するその他の文書

　特にそろえるのがむずかしい書類はないのですが、スピーディーに売却M&Aを進めるためにも、準備段階からこれら書類を意識して作業を進めるようにしてください。

売却M&Aと解散清算

　現法の売却と解散は、貴社の出資を終了させるという点では同じですが、経済的な効果は大きく異なります。

　売却の場合、例外的な事例（例：大幅な債務超過で経済補償金の負債もふくらんでおり、土地の含み益も少なく、マイナスの価格で引取ってもらうしかない場合）を除いては、幾ばくかの入金があります。

　解散の場合、残余財産は親会社に送金できるものの、土地や機械設備を二束三文で買取られ、従業員には多額の経済補償金を支払い、税務局や税関の査察を受けて追徴金をとられ、ということがあるので、戻ってくる金額は些少になりがちです。

　以下のような事例がありました。各方面のステークホルダーの利害ととった行動とを比較検討して、「さもありなん」と納得してください。

　ある分野での特殊な技術をもった日本のＡ社（中小企業）は、中国現法を設立し良質な素材を各所に提供していましたが、近年は中国系競合先に技術を模倣され、業況不振に悩んでいました。Ａ社幹部は検討を重ね、年末で中国

現法を解散することを決定、夏頃から取引先や従業員にも正直に通告しました。

　Ａ社現法の製品を購入する立場にあった日本のＢ社（二部上場）は、Ａ社現法が解散する旨を聞きつけ、「解散なんてもったいない。Ａ社現法さんの技術は卓越したものなので、Ａ社現法を買受けたい」と申出て、Ａ社現法にDDを実施しました。

　Ａ社社長は、解散させようと思っていた現法に買い手が現れたことに大喜びしたのですが、Ａ社現法の中国人従業員たちは「せっかく年末で経済補償金がタンマリもらえるはずだったのに、Ｂ社という余計なホワイトナイトが出現したことで、一時金がもらえなくなった」と、Ｂ社主導のDDに反発し、ストライキにまで発展しました。

　Ｂ社は、Ａ社現法の技術は欲しいものの、オペレーションを行う従業員たちが反発していたのでは所期の目的は達成できないと考え、Ａ社社長に現法購入を断念すると通告しました。

　この段階で、弊社はＡ社社長からご相談を受け、以下のように解決しました。

　Ａ社現法の工場は、３階建レンタル工場の１階と２階部

分だったので、まずテナントがいなかった３階部分にＢ社に秋口までに新現法を設立してもらいました。そして年末をもってＡ社現法は設備や在庫の「資産」をＢ社現法に売却するとともに、Ａ社現法とＢ社現法の登記住所を交換したのです。それにより年明けからのＢ社現法は、Ａ社現法の設備と従業員をそのまま買受けるかたちで継続操業を行うことができました。

　Ａ社現法は、年末でもって従業員に法定の経済補償金を支払いすみやかに解散手続に入りました。従業員は、年末にＡ社時代の経済補償金を受取り、年明けからはＢ社社員としてまったく同じ待遇で勤務を継続できたので、不満を言うものはまったくいませんでした。

第 **4** 章

中国現地法人
売却M&Aの税務知識
──売却にかかる税金とその対策のための必須知識

Q32 現法を売却した場合の税金は、どのように計算されますか。

　譲渡益が発生する場合においてのみ、譲渡益の10％が非居住者企業である日本本社に課税されます。譲渡益を得た売り手側が、現法を管轄する税務局に申告して納税します。

　10％という税率は、以下の法令から導かれます。「企業所得税法」（2008年施行・2018年一部改正）第3条第3項に「非居住者企業は、中国国内において機構・場所を設立しない場合、または、機構・場所を設立しているけれども取得する所得と自己の設置する機構・場所に実際の関係がない場合には、中国国内を源泉とする所得につき、企業所得税を納付しなければならない」とあり、その原則税率は同法第4条第2項に「非居住者企業が取得する前条第3項所定の所得についての適用税率は、20％とする」と定められています。そのうえで同法第27条に「企業の次に掲げる所得については、企業所得税の徴収を免除し、または軽減することができる。(1)～(4)略、(5)第3条第3項所定の所得」とあり、さらに「企業所得税法実施条例」（2008年施行）第91条第1項に「非居住者企業が企業所得税法第27条第(5)号所定の所得を取得した場合には、軽減された10％の税率に従い企業所得税を徴収する」とあります（Q35も参照）。

　課税対象となる譲渡益とは、譲渡価格から取得原価を引

いた金額です。取得原価は、出資金額を基本とします。譲渡価格は、実際に譲渡された価格がそのまま適用されるわけではなく、中国の税務局が認める価格を基準とします。税務局は一般的に、①直近の財務諸表上の簿価純資産額、②譲渡契約書に約定された譲渡価格、③中国で資格を有する評価会社が作成した評価報告書の金額、のうち最も高い金額を税務上の譲渡価格とします。いずれも、人民元に換算して課税額を計算します。

　2010年頃までは③の評価報告書は求められず、①と②だけを提出して、多くの場合は②の価格を対象に課税されていました。ところが、外資系企業から外資系企業へ持分が売却される際に、両者合意のうえで②の価格をあえて低く記載しておき、それとは別に中国当局にはみせない契約を締結して不足分を送金する、という抜け道を考えるヒトが出始めました。これは、中国当局にみえる売り手側の譲渡益を小さくみせることで、売り手側が中国の税務局に納税する金額を圧縮できる、という点をねらった脱法行為です。ほどなくして中国税務局も、あまりにも安い価格での譲渡が横行していることに気づき、後に③の評価報告書を求めるようになった、という経緯があります。

　出資持分の売却に際しては、売却益に10％の企業所得税が課せられる以外に、譲渡価格の0.05％の印紙税がかかります。増値税はかかりません。行政関連の出費は、通常の場合これだけで終わります。

　その他、外部専門家に支払う報酬や、出張者の渡航や滞在費用が予算としては必要でしょう。

　なお、出資持分売却ではなく、土地使用権や建屋・設備などの資産譲渡を行う場合は、土地には土地増値税が、建屋・設備には増値税が課されます。ただし、増値税は仕入税額控除が可能ですので、譲渡価格の何％と計算するのではなく、購入時に支払った増値税額を控除して納税します。

　なお、納税方法はQ35に、計算方法はQ36に、それぞれ後述します。

Q34 企業価値評価は、どこに依頼すればよいのですか。

　法律に明確な定めがあるわけではないのですが、税務局に評価結果を認めてもらうという観点から考えると、「有資格の資産評価会社」に依頼するのが最も近道です。

　中国には「資産評価師」という資格があり、彼らは企業価値や不動産価値だけではなくさまざまな評価を行います。資産評価師から構成される会社が資産評価会社で、一般的に税務局は自ら査定する能力も意欲もないので、資産評価会社による企業価値評価書を提出すれば、特に文句は言ってきません。世界的に有名な会計事務所が作成した分厚い英文の報告書など、この局面では意味をもたなくなるのです。

　資産評価会社のレベルも近年では平準化されてきており、どこに依頼しても評価結果が大きく異なることはありません。また「割増料金を払えば、依頼者に有利な評価を書いてくれる」ということも、ほとんどなくなりました。恣意的な評価書を提出してしまうと、彼らの免許更新に影響するからです。

　とはいえ、貴社にとって適正な納税額を算定してもらうためには、資産評価会社とうまく付合うことが大切であることも事実です。

売却M&Aに際して売却益が出た場合、売り手である日本本社から中国の税務局に、どのように納税しますか。

　売却M&Aに際しては「売却益」に対して課税されますが、これは「売却」して「益」を得た人にかかります。すなわち、「売却価格」から「取得価格」を差引いた金額が「売却益」で、この「売却益」に対して「企業所得税」が課せられます。納税者は、当然にして「売却益」を得た売り手ですし、もし「売却益」がマイナスであれば、課税はされません。

　税率は、「企業所得税法」第3条第3項と「企業所得税法」第4条第2項において原則税率20％と定められていますが、別途「企業所得税法」第27条第(5)号と「企業所得税法実施条例」第91条第1項で、10％に減免されています（Q32参照）。

　また、「日中租税条約」（1983年締結、正式名称は「所得に対する租税に関する二重課税の回避及び脱税の防止のための日本国政府と中華人民共和国政府との間の協定」）においても、日中間の取引については、10％と定められています。

　この場合の納税者は、現法の出資持分を売った人、すなわち、日本の親会社です。日本の親会社が、現法を管轄する中国の税務局に納税するのです。ただし、中国の税務局が日本の親会社に向けて納税通知書を送付して海外送金で

の納税を待つのは税務局にとって煩雑なので、中国の税務局は中国国内で徴税しようと考えます。すなわち、買い手側企業が購入対価を日本に支払う際に、税額分を源泉控除した金額しか送金させない、という方法で徴収します。

　このようなスキームで、結果的には日本の親会社が中国の税務局に納税することになるのですが、日本の親会社はその納税額につき日本の確定申告時に「外国税額控除」を受けられます。すなわち、中国に支払った税額分だけ日本の法人税が安くなり、結果的に売却に関して納税しなかったのと同じことになります（ただし、日本本社に納税額がある場合に限ります）。

　課税額の計算方法はQ32で詳述しましたが、売却M&Aの検討段階において、概算でかまわないので課税額を認識しておくようにしてください。日本本社のキャッシュイン額が売買価格交渉にも大きな影響を及ぼしますので。

Q36 課税額を計算するための売却価格や取得原価は、どのように計算しますか。

　課税額算定のための「売却価格」は、実際の売買価格ではなく、時価によって算定します。中国の税制ではこれを「一般性税務処理」と呼び、「企業再編業務の企業所得税処理に係る若干の問題に関する財政部および国家税務総局の通知」（財税［2009］59号）の第4条(3)に「企業の持分買収および資産買収に係る再編取引については、関連取引を次の規定に従い処理しなければならない」と定められています。

① 買収される当事者は、持分または資産の譲渡に係る所得または損失を認識しなければならない。

② 買収する当事者が、持分または資産を取得することに係る取得原価は、公正価値を基礎として確定しなければならない。

③ 買収される企業の関連する所得税の事項は、原則として不変を保持する。

　このなかの②で定義されている「公正価値」という概念ですが、税務局に「公正価値」を判断する技能はないので、結果的には有資格の「資産評価師」から構成される資産評価会社に査定を依頼するよう指導されることがほとんどです。

その評価のために準備が必要な書類については、直接的に明示されたものはないのですが、再編に伴い企業を「清算」する場合の書類につき、「企業再編業務に係る企業所得税管理弁法」（国家税務総局公告2010年第4号）に、以下のように定められており、これが各税務局でも援用されています。

(1)　企業の法律形式変更に係る工商部門その他の政府部門の認可文書

(2)　企業の全部の資産の取得原価および評価機構の発行した資産評価報告

(3)　企業の債権および債務処理または帰属状況の説明

(4)　主管税務機関が提供するよう要求するその他の資料証明

　なお中国では、時価で評価する方法を「一般性税務処理」と呼びますが、グループ企業再編などで経営実態が大きく変動しない場合は簿価で評価し、これを「特殊性税務処理」と呼びます。「特殊性税務処理」を採用するケースでは、高い時価ではなく低い簿価で売却益を計算しますので課税額は低く抑えられますが、将来、グループが対象会社を手放す際には低い取得価格から売却益を計算しますので、そのときの税額は大きくなる、という仕組みです。

　蛇足ながら、日本では簿価評価を「適格税制」、時価評価を「非適格税制」と呼びます。中国とは逆の発想であることがわかります。

第 **5** 章

中国現地法人
売却M&Aの労務知識
──対応を誤るとM&A全体が失敗することにも

Q37 売却M&Aに、なぜ労務知識が必要なのですか。

　現法の売却M&Aで売却する対象は、一義的には貴社の出資持分なのですが、購入する側は、購入後の現法をスムーズに運営でき、かつ、投資した金額を上回るリターンを将来にわたって確実に得られるか、について検討を重ねます。

　そのなかで、土地や機械設備、また仕入ルートや商圏は、現法購入後にいかようにも調整することは可能ですが、現場で働いてもらう従業員については、短期間で入替えたり育成したりすることはむずかしく、購入時の陣容をほとんどそのまま引継がなければならないのが現状です。

　よって、売却M&Aの交渉過程で、もしも従業員が経営側の意に沿わない行動をとった場合は、企業価値を下げるのみならず買い手側が購入そのものを断念することにもなりかねません。

　また、売却M&Aに際しては従業員に経済補償金を支払う必要はまったくないのですが、売買価格を決定する際に経済補償金相当額を「見えざる負債」とみなすか否かが、よく議論にあがります。社歴が長く従業員数の多い現法は、それなりの金額の経済補償金を背負っているといえるのですが、BSの負債の部には計上されていません。

　中国関連のコンサルティング業務を20年以上手がけていて感じることなのですが、日本本社が労務畑出身者を中国

駐在員として派遣するケースはきわめて少なく、また売却M&Aに日本の人事労務部門が関与されることも滅多にないことから、売却M&Aが労務の観点から暗礁に乗り上げる事例を少なからずみてきました。労務で失敗すると、リカバリーはとても困難を極めます。

売却後も現法は存続します。存続するから買い手は価値を感じて対価を払ってくれるのです。その価値のなかで最も流動的なのが、従業員だといえるでしょう。対応次第で、大きなプラスにもなれば大きなマイナスにもなります。

第5章で、一見売却M&Aとは無関係に思える中国現法における労務の基礎に関する最新の正確な知識を身に付けたうえで、売却M&Aを成功に導いてください。

Q38 従業員が離職する際に会社側が支払う「経済補償金」について、法律ではどう規定されていますか。日本の「退職金」と同じと考えてよいのですか。

　日本の「退職金」（もしくは「退職慰労金」）は、年功序列賃金の歴史が長い日本において、会社側が任意に「報酬の後払い」を行っているだけであり、法律で定められたものではありません。退職金制度のない会社も、実際は数多く存在します。

　中国の「経済補償金」は、法律で明確に定められており、一言で言えば「会社都合で離職してもらう従業員に、会社側が支払わなければならない、離職後の生活のための『経済』を『補』って『償』ってあげるためのお『金』」と説明できます。日本語では「補償」の２文字を「保証」と書き間違えている文書をよく目にしますが、上記の理解をしておけば、間違えることはないでしょう。

　中国で従業員に離職してもらうためには、労働契約を「解除」（中国語も同じ）するか、もしくは、「終了」（中国語では「終止」）させる必要があります。以下、その２つの差異を正確に把握し、かつ、法律上の要件について完璧に把握していきます。その詳細は、「労働契約法」第４章（労働契約の解除と終了 – 第36条から第50条まで）に明記され

ていますので、以下しっかり読込んでください。売却
M&Aのみならず、広く中国の労務問題の知識を深める際
の基礎となります。

「**労働契約法**」（2008年1月1日施行、2013年7月1日最新改
正）
第36条 雇用単位と労働者が協議により合意したときには、労
働契約を解除することができる。

労働契約の「合意解除」に関する条項です。中国語で
は、「協商一致による労働契約の解除」と表現されます。
労使ともに合意のうえで契約を解除するので、事後に係争
に発展する可能性は低く、会社にとって最もスムーズな人
員削減につながります。弊社でも、この方式を最もお勧め
しています。

第37条 労働者は、30日前までに書面により雇用単位に通知し
たときは、労働契約を解除することができる。労働者は、試
用期間内において3日前までに雇用単位に通知したときは、
労働契約を解除することができる。

従業員側から労働契約を「解除」する際の、事前告知期
間に関する規定です。

第38条 雇用単位に次に掲げる事由の1つがある場合には、労

> 働者は、労働契約を解除することができる。

　従業員側から労働契約を即時解除できる要件です（第39条は会社側から）。

---

(1)　労働契約の約定どおりに労働保護または労働条件を提供しないとき。
(2)　遅滞なく満額により労働報酬を支払わないとき。
(3)　法どおりに労働者のために社会保険料を納付しないとき。
(4)　雇用単位の規則制度が法律および法規の規定に違反し、労働者の権益を損なうとき。
(5)　第26条第1項所定の事由に起因して労働契約が無効となったとき。

（参考＝第26条第1項）

第26条　次に掲げる労働契約は、これを無効とし、または一部無効とする。
(1)　欺罔もしくは強迫の手段により、または人の危難に乗じて、相手方にその真実の意思に背いた状況下で労働契約を締結させ、または変更させたとき。（以下略）

第39条　労働者に次に掲げる事由の1つがある場合には、雇用単位は、労働契約を解除することができる。

　会社側から労働契約を即時解除できる要件です（第38条は従業員側から）。

> (1) 試用期間において採用条件に適合しないことが証明されたとき。
> (2) 雇用単位の規則制度に重大に違反したとき。
> (3) 職責を重大に失当し、私利を図り、雇用単位に重大損害をもたらしたとき。
> (4) 労働者が同時に他の雇用単位と労働関係を確立し、当該単位の業務任務の完了に重大な影響をもたらし、または雇用単位の指摘を経て、是正を拒絶するとき。
> (5) 第26条第1項第(1)号所定の事由に起因して労働契約が無効となったとき。
> (6) 法により刑事責任を追及されたとき。

> **第40条** 次に掲げる事由の1つがある場合には、雇用単位は、30日前までに書面により労働者本人に通知し、または労働者に1カ月分の賃金を余分に支払った後に、労働契約を解除することができる。

事前告知もしくは解雇予告手当の支払により、会社側から労働契約を解除できる要件です。

> (1) 労働者が病を患い、または業務外の原因により負傷した場合において、所定の医療期間満了の後に原業務に従事することができず、また、雇用単位が別途手配した業務に従事することもできないとき。

私傷病による医療期間満了時の対応です。第42条(3)には、医療期間中は解雇できない、との定めがあります。

> (2) 労働者が業務に堪えることができず、養成・訓練、または業務職位の調整を経て、なお業務に堪えることができないとき。

　会社が費用負担する職務トレーニングか、もしくは、社内異動を行っても、なお「業務に堪える」ことができない従業員は、労働契約の解除が可能です。

> (3) 労働契約締結の際に根拠とした客観的状況に重大な変化が生じ、労働契約を履行するすべをなくさせ、雇用単位と労働者の協議を経て、労働契約内容の変更につき合意に達することができないとき。

　「重大な変化」が立証でき、労働者と協議してもなお合意できなければ、労働契約の解除が可能です。

> **第41条** 次に掲げる事由の１つがあり、人員を20名以上削減し、または20名に満たないけれども企業従業員総数の10％以上を削減する必要がある場合には、雇用単位は、30日前までに労働組合または従業員全体に状況を説明し、労働組合または従業員の意見を聴取した後に、人員削減方案が労働行政部門に報告されることを経て、人員を削減することができる。

　この条は、「経済性リストラ」（中国語で「経済性裁員」）に関する条項です。事後のトラブルを極小化するために、20名と10％のいずれも下回る人数であっても、同様の作法をとっておくことをお勧めします。

(1) 企業破産法の規定により更生をするとき。
(2) 生産経営に重大な困難が生じたとき。
(3) 企業の生産転換、重大な技術革新または経営方式の調整により、労働契約の変更を経た後に、なお人員削減を必要とするとき。
(4) 労働契約締結の際に根拠とした客観的経済状況に重大な変化が生じたことに起因して、労働契約を履行するすべがなくなったその他のとき。

　「経済性リストラ」を行うためには、(2)の「重大な困難」や、(4)の「重大な変化」の立証が必要です。

　人員を削減するときは、次に掲げる人員を優先して継続雇用しなければならない。
① 当該単位と比較的長い期間の固定期間労働契約を締結しているもの
② 当該単位と無固定期間労働契約を締結しているもの
③ 家庭に他の就業人員がなく、扶養が必要な老人または未成年を有するもの

　優先雇用継続者、すなわちリストラ対象からはずす従業員の選別は、会社全体のなかでの地位ではなく、リストラ対象部門内での相対的地位で判断します。

　雇用単位は、第1項の規定により人員を削減した場合において、6カ月内に新たに人員を募集採用するときは、削減された人員に通知し、かつ、同等の条件において削減された人員を優先して募集採用しなければならない。

リストラから６カ月以内に人材を再募集するときの優先採用に関する規定です。ここの「第１項」とは、第41条の最初の１段落、すなわち「20名もしくは10％以上の従業員に対する経済性リストラ」を指します。

第42条　労働者に次に掲げる事由の１つがある場合には、雇用単位は、前二条の規定により労働契約を解除してはならない。

　以下に該当する従業員は、第40条と第41条に基づく解除はできませんが、第36条〜第39条に基づく解除は可能、ということです。

⑴　職業病の危害に接触する作業に従事する労働者で、職位を離れる前の職業健康検査をしておらず、または職業病の疑いのある病人で診断もしくは医学観察期間にあるとき。
⑵　当該単位において職業病を患い、または業務により負傷し、かつ、労働能力を喪失し、または一部喪失したことを確認されたとき。
⑶　病を患い、または業務外の原因により負傷し、所定の医療期間内にあるとき。
⑷　女子従業員が妊娠期間、出産期間または授乳期間にあるとき。
⑸　当該単位において連続して満15年勤務し、かつ、法定の退職年齢まで５年に満たないとき。
⑹　法律および行政法規所定のその他の事由

> **第43条** 雇用単位は、一方的に労働契約を解除するときは、事
> 前に理由を労働組合に通知しなければならない。雇用単位が
> 法律もしくは行政法規の規定または労働契約の約定に違反す
> る場合には、労働組合は、雇用単位に是正するよう要求する
> 権利を有する。雇用単位は、労働組合の意見を検討し、か
> つ、処理結果を書面により労働組合に通知しなければならな
> い。

　「一方的に」の定義があいまいなので、リストラ実行時には、常に事前に労働組合に通知して意見を聞く（≠同意を得る）することをお勧めします。労働組合がない場合は、従業員代表大会、または従業員大会を開催します。

> **第44条** 次に掲げる事由の1つがある場合には、労働契約は、
> 終了する。

　この条と次の条は、「解除」ではなく「終了」に関する定めです。

> (1) 労働契約の期間が満了したとき。

　固定期間労働契約の期間満了と、一定任務完了契約の任務完了を指します。

> (2) 労働者が基本養老保険待遇の法による享受を開始したと
> き。

養老保険の受給資格が取得できる、男性満60歳、女性満50歳、女性幹部満55歳を指します。ここでは日本の「定年」に相当する年齢と考えて、さしつかえありません。

---

(3) 労働者が死亡し、または人民法院に死亡を宣告され、もしくは失踪を宣告されたとき。

(4) 雇用単位が法により破産を宣告されたとき。

(5) 雇用単位が営業許可証を取消され、閉鎖を命ぜられ、取消され、または中途解散する旨を雇用単位が決定したとき。

(6) 法律および行政法規所定のその他の事由。

第45条 労働契約の期間が満了し、第42条所定の事由の１つがある場合には、労働契約は、相応する事由が消失する時まで延長してから終了しなければならない。ただし、第42条第(2)号所定の労働能力を喪失し、または一部喪失した労働者の労働契約の終了については、労働災害保険に関係する国の規定に従い執行する。

第42条所定の事由とは、(1)職業病未検査、(2)職業病と労災、(3)医療期間、(4)三期、(5)勤続15年超でかつ定年まで5年未満、などを指します。後半の記述は、労災従業員には労災等級に応じた法定の補助金を支払うことで終了が可能であるということです。

第46条 次に掲げる事由の１つがある場合には、雇用単位は、

> 労働者に経済補償を支払わなければならない。
> (1) 労働者が第38条の規定により労働契約を解除するとき。

　会社側に起因する理由に基づき労働者側から労働契約を解除する場合、を指します。

> (2) 雇用単位が第36条の規定により労働者に対し労働契約の解除を提起し、かつ、労働者と協議により合意し、労働契約を解除するとき。

労使合意に基づく「合意解除」を指します。

> (3) 雇用単位が第40条の規定により労働契約を解除するとき。

(1)医療期間の満了、(2)トレーニングまたは社内異動、(3)状況の重大な変化、に起因する解除、を指します。

> (4) 雇用単位が第41条第1項の規定により労働契約を解除するとき。

「企業破産法」に基づく会社更生を指します。

> (5) 雇用単位が労働契約に約定する条件を維持し、または引き上げて労働契約を更新し、労働者が更新に同意しない状況を除き、第44条第(1)号規定により固定期間労働契約を終了するとき。

　固定期間労働契約の期間満了時に、会社側が条件ダウンを提示して、従業員がそれに同意せず、労働契約を終了し

たいと申出た場合を指します。

> (6) 第44条第(4)号または第(5)号の規定により労働契約を終了
> するとき。

破産や営業停止を指します。

> (7) 法律および行政法規所定のその他の事由

> **第47条** 経済補償は、労働者が当該単位において業務した年数
> に従い、1年を満たすごとに1つの月賃金を支払う標準によ
> り労働者に支払う。6カ月以上1年未満である場合には、1
> 年として計算する。6カ月に満たない場合には、労働者に半
> 分の月賃金の経済補償を支払う。

法定の「経済補償金」を計算する月数は、勤続 n 年の従
業員には n カ月分、ただし0.5年ごとに切上げます。

> 労働者の月賃金が雇用単位の所在する直轄市または区を設
> ける市級人民政府の公布する当該地区の前年度の従業員月平
> 均賃金の3倍を上回る場合には、当該者に経済補償を支払う
> 標準は、従業員月平均賃金の3倍の額に従い支払い、当該者
> に経済補償を支払う年数は、最高で12年を超えない。この条
> における「月賃金」とは、労働者が労働契約を解除し、また
> は終了する前12カ月の平均賃金をいう。

経済補償金の1カ月分の金額となる基数は、ボーナスも
含んだ直近12カ月間の総報酬の12分の1です。総報酬は、

直前の給与計算の締日（支給日ではない）から12回さかの
ぼって数えて合計します。基数がその市の平均賃金（慣例
では毎年7月から改定）の3倍を上回る従業員は、3倍の
額で計算し、12カ月を上限とします。12カ月上限ルール
は、3倍を上回らない従業員には適用されません。

第48条　雇用単位がこの法律の規定に違反して労働契約を解除
し、または終了する場合において、労働者が労働契約を継続
して履行することを要求するときは、雇用単位は、継続して
履行しなければならない。労働者が労働契約を継続して履行
することを要求せず、または労働契約につき既に継続して履
行することができない場合には、雇用単位は、第87条の規定
により賠償金を支払わなければならない。

（参考＝第87条）

第87条　雇用単位は、この法律の規定に違反して労働契約を解
除し、または終了する場合には、第47条所定の経済補償標準
の2倍により労働者に「賠償金」を支払わなければならな
い。

　法定の2倍の賠償金を支払わなければならないのは、労
働契約の解除において会社側に違法な行為があった場合で
す。よってリストラを実行する際には、従業員側から「違
法行為があった」と指摘されることのないよう、事前に確
実な準備をしておくことが必須です。

第49条　国は、措置を講じ、労働者の社会保険関係が地区をまたいで移転・継続される制度を確立して健全化する。

第50条　雇用単位は、労働契約を解除し、または終了するときに、労働契約を解除し、または終了した旨の証明を発行し、かつ、15日内に労働者のために檔案および社会保険関係の移転手続をしなければならない。労働者は、双方の約定に従い、業務引継手続をしなければならない。雇用単位は、この法律の関係規定により労働者に経済補償を支払うべき場合には、業務引継手続が完了した際に支払う。雇用単位は、すでに解除し、または終了した労働契約の文書について、少なくとも2年保存し調査に備える。

労務を軽視している現法は失敗する！

　著者は、中国と日本でビジネスセミナー「駐在員塾Ｒ」を主宰しており、毎年50日前後セミナー講師を務めています。このセミナーシリーズでは、「基礎編」「法務編」「税務編」「労務編」や「不正抑止」「人員削減」「現法解散」などのテーマに分けて、日系現法が直面するさまざまな課題の解決策をお示ししています。シリーズのなかで、最も受講者が少ないのが、「労務編」です。

　その背景には、ほとんどの駐在員が製造・営業・財務会計の部門からの派遣であり、日本本社の人事労務部門出身の人がきわめて少ないことがあると思われます。

　日本時代には労働基準法なんてみたこともなかった社員が、中国に派遣されていきなり中国の労働法や労働契約法をふまえた管理業務を担当する、これはかなり酷なミッションなのです。労務問題は、現法の業績が順調な間はあまり顕在化しません。ストライキや労働訴訟などの大問題には至らなくとも、採用や解雇、残業代計算や社会保険など日々の小問題を適切に処理できるよう、駐在員の「労務力」を高めていただきたいと思います。労務を軽視している現法は早晩失敗します。

Q39 現法を売却するに際して、従業員に経済補償金を支払わなければなりませんか。

　従業員に経済補償金を支払う義務は、まったくありません。現法も、売り手である貴社も、現法を購入する買い手企業も、まったく支払う義務はありません。「労働契約法」に以下のとおり、明記されています。

「労働契約法」（2008年施行）

第33条　雇用単位が名称・法定代表者・主たる責任者または投資家等の事項を変更することは、労働契約の履行に影響しない。

　現法へ出資している親会社が変わっても、「現法と従業員との労働契約はそのまま継続される」ので経済補償金を支払う事由には当たらない、ということです。

　ただし、法律を誤解した従業員が「補償金をよこせ！」と騒ぎ、日本の新聞が事件として取上げた事例も、過去にいくつかありました。

　経済補償金とは、「会社都合で解雇するときには会社側が法定額を支払わなければならないが、自己都合で退職する従業員にはまったく払わなくてもよい」というものです。たとえば勤続10年の従業員は、会社都合の解雇であれば法定の補償金として10カ月分の平均給与を手にすることができますが、自己都合の退職だと1元ももらえません。

この「ゼロか100か」という極端なルールをつくったのは中国なのですが、これを逆手にとって退職を考えている従業員は、何かにつけて「会社都合の退職」にもっていこうとする傾向にあり、売却M&Aによる親会社の変更を、「補償金獲得のチャンス」と曲解する者が出てきても不思議ではありません。同様の事例で、払わなくてもよい経済補償金を支払った企業があるのも事実で、そのような事例をネット上で検索して、「もらえるはずだ！」と騒ぎ始める労働者もいました。

　たしかに、2008年に「労働契約法」が施行される前までは、地方性法規のレベルで出資者変更時に経済補償金の支払を求めていた地域もありました。

　しかし、法的には支払う必要はまったくありませんので、本件については初期の段階から毅然とした姿勢で従業員に対応するように、売り手・買い手とも共通認識をもっておいてください。

売却計画が従業員に漏洩した場合、少なからず影響があると思われるのですが、どう対処すべきですか。

　売却が行われても、現法と従業員との労働契約には何の変化ももたらさないので、法的には経済補償金を支払う必要がない点は、前述しました。

　しかし、経済補償金というものは、「会社都合の退職の場合、勤続ｎ年でｎカ月分の平均月給をもらえる権利ではあるが、自己都合で退職すれば１元ももらえない」＝「退職の事由を会社都合にできれば、ドンと一時金がもらえる」という仕組みであり、従業員には何かにつけて「会社都合の退職」に持込もうとする力学が働きます。また、一般の労働者の法律知識はあいまいであり、根拠のない他社事例を流布して仲間の賛同を求めようともします。

　ですので、売却Ｍ＆Ａを行うにあたっては、「売却に関する情報を、従業員には直前までまったく知らせない」という方針を大原則とすべきです。そのためには、日本本社や駐在員のなかでも、売却の可能性があるとの情報をもっている人を、厳格に制限して管理します。

　万一従業員に知れたならば、「売却時点までの経済補償金を一時金としてよこせ」とか「親会社が変わっても労働条件を変更しないとの念書を書け」などの法外な要求をされる可能性があります。また、買い手企業に「統制のとれ

ていない会社だな」との印象を与えかねず、売却金額の減額を迫られるリスクや、売却話そのものが流れてしまうリスクも考えられます。

　買い手企業が視察やDDに来た際も、「取引先」や「本社からのお客さん」のような雰囲気で迎えてください。従業員から総経理に「売却のウワサは本当ですか」と聞かれても、その段階ではまったく知らないと答えてください。そして売却発表当日は、「本社が急に決定して通告してきた」というかたちをとってください。従業員も、そんなはずはないと感づくでしょうが、本社を悪者にしないと総経理が従業員にずっとウソをついていたことになり、従業員の面子がつぶれます。

　本件は、「従業員も大切な売却資産であり、その価値を低めてはならない」という視点をもって対処すべき課題であると思います。

Q41 売却M&Aにつき、従業員に対して従業員大会などで告知する義務はありますか。

「労働契約法」第4条第2項に、「雇用単位は、労働報酬・業務時間・休息休暇・労働安全衛生・保険福利・従業員の養成や訓練・労働規律および労働ノルマ管理等の、労働者の密接な利益に直接にかかわる規則制度、または重大事項を制定・変更または決定するときには、従業員代表大会または従業員全体との討論を経て方案や意見を提出し、労働組合または従業員代表と平等に協議して、これを確定しなければならない」という規定があります。

すなわち今回の売却M&Aが、従業員の①密接な利益に対して、②直接かかわるものであり、かつ、従業員にとっての③重大事項である場合に、従業員代表大会（もしくは従業員全体との討論）で意見を出してもらい、労働組合または従業員代表との平等協議が必要ということです。

貴社が持分を譲渡するにあたり、事業内容が変わるわけではなく、また、従業員との雇用関係が変更なく継続されるのであれば、従業員の①密接な利益に、②直接かかわる事態ではなく、従業員にとっての③重大事項でもない、と判断されるので、従業員大会などで告知する義務はないと考えられます。

しかし多くの従業員は、売却M&Aのウワサを耳にすると「経営者が、管理の甘い日本人から管理の厳しい中国人

に交代するので、居心地が悪くなるだろう」と動揺します。交渉早期の段階で情報が漏洩してしまい、従業員が疑心暗鬼になり日本人幹部に詰め寄ったり、サボタージュやストライキに発展した事例もあります。

　よって、義務はないとはいえ、一定の期日でもって正確な情報を全従業員に同時に公式発表することをお勧めします。売却交渉の最中に社内が混乱していては、買い手側企業の購入意欲が削がれてしまうリスクや、不安定な従業員心理をマイナスの企業価値ととらえた買い手側から強気の価格交渉を迫ってこられる可能性もあります。

　情報が漏洩する最初の契機は、バイヤーズDDが入ってくる時です。従業員には「日本本社監査役からの要請に基づく定期調査」であるかのように説明しますが、買い手側が派遣したDD担当者がうっかり口を滑らせたり、明確ではないにせよ出資者交代をほのめかす発言をしたり、ということがままあります。よって、買い手側が外部機関にDDを依頼する場合には、「情報を漏洩させたら損害賠償させる」くらいの強い約定をしておくべきです。

　買い手側DDが終了し、双方が持分譲渡契約に調印できる段階になったら、従業員に告知してもかまわないと考えます。告知する際は、売却の方針であることのみならず、会社の事業概要や従業員の業務・待遇にはいっさいの変更がないことを強調し、とにかく不安にさせないよう留意してください。

Q42 経済補償金は、現法の売却価格にどのような影響を与えますか。

　まず、経済補償金は「見えざる負債」である、との認識を明確にもってください。

　日本の退職金制度の場合、健全経営を行っている企業はバランスシート（貸借対照表）の負債勘定に「退職給付引当金」という負債勘定を立てて、決算時点における従業員の何割かが退職した場合の退職金を取置いておく習慣があります。過去にはその取置きに対して損金算入などの税制優遇もありました。

　中国の経済補償金制度は、「会社都合退職なら満額、自己都合退職ならゼロ」という制度です。すなわち、全従業員が「私、本日限りで自己都合で退職します」と言ってくれればゼロですみますし、会社の解散や遠隔地への移設を事由として従業員に辞めてもらわなければならない場合は法定額を支払わなければなりません。また中国の制度では、経済補償金をバランスシート上で引当てても、何の税制優遇もありません。

　このような背景から、中国に所在する日系現法で経済補償金を負債勘定に引当てている事例は、まずみたことがありません。

　バランスシートに記載されていなくとも、中国現法の売却M&Aにおいて、買い手側は当然にして負債計上を求め

てきます。すなわち、売却日時点までの経済補償金を負債とみなして計算し、その金額を企業価値から減額させようとするのです。一方現実では起こりにくいものの、売却後の現法において、全従業員が自己都合で退職するかもしくは定年を迎えるまで働いてくれれば、経済補償金はまったく発生しないともいえます。その際の計算方法に決まった公式はなく、「ゼロか100か、はたまたその間のどこか」に落着かせるしかないのが現状です。

　過去の事例では、売却計画が従業員に漏洩してしまい、従業員側が「売却については承諾するが、売却日までの経済補償金を支払え！」と求めたこともありました。この場合、買い手側も従業員の社歴をゼロクリアできるので、支払うことを是とする傾向にあります。法的には支払う必要のない経済補償金ですが、支払ってしまえば、売却M&A時点で、みなし負債としての経済補償金は消えます。よって最善の策は、従業員には支払わず、売却価格決定時に想定される満額の経済補償金の数十％（100％よりは低い数値）分を負債とみなす、という交渉を行うことです。

　また売却M&Aとは関係なくすべての日系現法に是非行っていただきたいのですが、毎年の決算時に、「もしも年度末で全従業員を会社都合で解雇したら、いったいいくらの経済補償金が必要か」を、把握するようにしてください。監査事務所の監査で、このようなアドバイスをもらえることはないでしょうから。

経済補償金制度を逆手にとって、売却M&Aに
際して全従業員に補償金を支払ってしまうとい
う方策はありえますか。

　十分ありえます。買い手側との売買交渉において、以下
のような説明で、売却価格を高めに誘導することができま
す。

① 　売却M&A前日をもって、全従業員との労働契約を合
　意により解除し、法定の経済補償金を支払う。

② 　売却M&A当日から、全従業員を再雇用する。すなわ
　ち、社歴はゼロクリアして新しい労働契約を締結する。

③ 　新しい労働契約は３年超の期間で締結するが、最初の
　６カ月間は「試用期間」とする。試用期間中は一定の要
　件を満たせば補償金なしでの解雇も可能。

④ 　買い手側にとっては、購入後６カ月間に独自の裁量で
　人事制度や組織を構築できる。賛同しない従業員は、試
　用期間に、補償金なしで解雇する。

⑤ 　売り手側が多額の経済補償金を負担することで、買い
　手側は大きな労働債務を負わなくてすみ、かつ機関設計
　や社内体制構築を好きなようにできることから、現法の
　売買価格はその分大きな金額とさせてほしい。

　この方策には、いくつか弱点があります。売却M&A前
日の労働契約解除にどうしても離職に同意しない従業員

は、強制的に解雇することができないので、出資者変更以降も雇用を続けるしかありません。出資者変更は、労働契約の解除事由にはならないからです。ただしその従業員は、継続雇用されることで社歴はゼロクリアされないかわりに、経済補償金をもらえません。過半の従業員が経済補償金という一時金を手にできることが確定するなか、労働契約の終了を拒もうとする少数派に対しても、売却M&A前日までに「補償金をもらったほうが得である」という雰囲気をうまく醸成し、説得していくことが必要です。

　もう1つの弱点は、表面化させないほうがよい論点です。従業員が受取る経済補償金に係る個人所得税の優遇措置は、1社につき1回しか適用されないので、売却M&A前日の合意解除に基づく経済補償金にはほとんど課税されないのですが、売却後の新体制の現法から将来もらう経済補償金には、満額の個人所得税が課せられます。ただし、売却M&Aの交渉過程で本件が争点となることはまれですし、貴社にとっては現法が売却できればそれでよいのですから、現場ではあえて寝た子を起こす議論はしないようにしています。

売却M&Aにおいて、出資持分ではなく土地建物だけを売却する、というExitはありえますか。

　ありえます。土地使用権の含み益が大きい場合などにおいて、現法が土地建物を売却した後に、他の場所へ移設して操業するかもしくは解散します。売却益を得たうえで解散させれば、日本本社が一定の資金を手にすることもできます。移設にせよ解散にせよ、当局の実質上の許認可は必要ですので、売却先のみならず各ステークホルダーとの事前調整が必要ですが、買い手側が「現法をそのまま買取ったのでは、税務・税関・環境などの『負の遺産』を引継ぐことになりかねない」との懸念をもった場合などには、このように土地建物の「資産だけを売却する」という方策も考えられます。

　事前に土地建物の評価を行い、売却・納税後に貴社現法に入る金額を想定することで、この方策の是非を検討します。買い手側が従業員を再雇用というかたちで引取ってくれる場合には、現法の解散を決議して、解散を事由として労働契約を終了させます。もちろん、法定の経済補償金は現法が支払います。

　買い手側は、その場所に新規の法人を設立するか、もしくは土地を既存法人の分工場として登記するので、自由な事業展開が可能となります。この買い手側の便利さと、売

り手側にかかるさまざまな負担を、是非とも売買価格に織込みたいところです。

　売却M&Aに比べると、「資産売却→移設or解散」というステップが必要となる分の手間はかかりますので、売り手である貴社にとっては、買い手候補との折衝が首尾よく進まない場合の予備プランとして検討されたほうがよろしいでしょう。あくまでも交渉の初期段階では、現法の出資持分の売却M&Aを全面に押出すべきと考えます。

おわりに　中国ビジネスを成功させるために

　1976年に逝去した毛沢東主席に対し、「毛主席にも若干の誤りがあった」とする「建国以来の党の若干の歴史問題に関する決議」が中国共産党第十一期六中全会で採択された1981年に初めて中国を訪問し、壁新聞による民主化要求運動が華やかだった1987年に上海に1年間留学した私は、卒業後中国ビジネスの最先端にあった銀行に就職し、中国に駐在もしました。銀行時代から中国関連コンサルティング業務に従事していましたが、40代半ばで一念発起、銀行を退職しコンサルティング専業に転じました。

　その経験をふまえて「中国ビジネスを深いレベルまで理解するための要諦は何か」と問われれば、まずは必要と思われる中国情報（最大公約数）を収集し、次にそのなかから自社にあった必要最小限の情報（最小公倍数）に取捨選択していき、最後に厳選した情報と運用実務との差異を1つずつ分析していく、というアプローチを繰返していくことだ、とお答えしています。

　中国現法の売却M&A業務は、会社関連法規のみならず、会計経理関連法規・税務関連法規・労働関連法規など、数多くの法律がかかわっており、なかには相互に矛盾している箇所もあることから、現場では毎回、一つひとつ

確かめながら進めていきます。

　日系現法の中国駐在員には、なんとなく中国経験の長い人は多いのですが、網羅的な知識を備えた人はまだ少ないことから、本社の経営企画部門や国際部門におかれましては、「中国はよくわからない」と匙を投げるのではなく、歴代の駐在員と一体となって中国ビジネスのさまざまな難関を打ち破ってください。

　いまや最大公約数である中国情報は、インターネットを通じて簡単に入手できますが、そのなかには古い情報や不正確な情報が大多数を占めています。本書は、2020年の「外商投資法」施行直後における最小公倍数となりうる情報を可能な限りわかりやすく実践的にご紹介したものですが、実際の手続を始めると「少し違うかな？」とお感じになる部分は、必ずやあるでしょう。その違いに気づかれたら、「その差異の分析こそが中国ビジネスの醍醐味だ！」と思っていただければ幸甚です。

■ 著者略歴 ■

前川　晃廣（まえかわ・あきひろ）

IBJコンサルティング株式会社　代表取締役
愛碧界諮詢有限公司（上海・広州）総経理
1964年四国・松山生まれ。愛光学園中学・高校卒業。1987年復旦大学国際
政治学部に１年間国費留学。1989年慶應義塾大学政治学科（国分良成ゼ
ミ）を卒業し、日本興業銀行（IBJ）入行。大阪支店・中国委員会・外国
為替部などを経て、興銀上海支店課長・広州事務所首席代表を歴任。2008
年銀行を退職し、中国コンサルティング専業に。設立200社超、リストラ
や撤退100社超のサポート実績。中国在住20年。現在、IBJコンサルティン
ググループ代表。中国ビジネスセミナー「駐在員塾®」シリーズ主宰。証
券アナリスト・中小企業診断士。広島カープのファン。

〈IBJグループ〉
日本のIBJコンサルティング株式会社・IBJインベストメント株式会社、中
国の愛碧界諮詢有限公司からなる、日系企業の中国におけるさまざまなビ
ジネスをサポートするコンサルティングファーム。日本語に堪能な中国人
律師・中国人会計師を擁し、通訳を介さずにワンストップで、法務・労
務・会計・税務・税関・M&Aなどの幅広い分野において日系企業の複合
的な問題をハンズオンで解決する。
URL：http://ibj.tokyo

KINZAIバリュー叢書
中国現地法人売却M&Aの実務

2020年5月27日　第1刷発行

著　者　前　川　晃　廣
発行者　加　藤　一　浩

〒160-8520　東京都新宿区南元町19
発　行　所　一般社団法人 金融財政事情研究会
企画・制作・販売　株式会社きんざい
出 版 部　TEL 03(3355)2251　FAX 03(3357)7416
販売受付　TEL 03(3358)2891　FAX 03(3358)0037
URL https://www.kinzai.jp/

DTP・校正:株式会社友人社／印刷:三松堂株式会社

ISBN978-4-322-13545-9